宁波文化丛书

宁波文化丛书 第一辑

主编 何伟

丝路听潮

海上丝绸之路文化

谢安良 著

宁波出版社

《宁波文化丛书》
编纂委员会

主　任　余红艺

副主任　张松才　何　伟　陈佳强　邹大鸣　詹鑫华　姚晓东

成　员（按姓氏笔画排列）
　　　　马玉娟　王耀成　方同义　陈三俊　徐剑飞
　　　　涂师平　黄渭金　黄定福　谢安良

主　编　何　伟

总序

唤醒宁波的文化之魂

◎ 何　伟

（一）

中国的古城实在不少，若论我国沿海最早的文化古城，只要稍稍具备历史地理的眼光，都会聚焦宁波——中国大陆海岸线的中点。

这座从远古走来的名城，河姆古渡的骨哨一吹就是七千年，展开了一幅幅风云际会的历史长卷。翻开谭其骧先生主编的《简明中国历史地图集》，不难发现宁波在我国沿海各大城市中的"早熟"：当宁波沐浴河姆渡的文明曙光时，我国海岸线上的先民基本还处于文明的空白处；当宁波先秦时期设县建制，广州还是邻近番禺的宁静村庄；当宁波唐代建州（相当于今天的地级市），已是"海外杂国，贾舶交至"的繁华城市，此时的上海还只是一个海滨渔村；宋代的宁波已是我国闻名国际的四大港口城市之一，天津还是名不见经传的一片滩涂；及至近代宁波作为"五口通商"被迫开埠，青岛、大连等城镇化才刚刚起步，更不必说改革开放后才崛起的深圳了。

如此"炫耀"的类比，无意仰已抑人。只想说明，以商城闻名的宁波，其实是隐身的文化重镇。其文化价值和地位，显然是被低估了。仅以中华文明源头之一的河姆渡为例：其制陶、稻谷和干栏式建筑的发现，修正了我国学术界总把黄河流域作为中华民族的唯一摇篮的定论，确认了长江流域是中华民族另一个发源地。其出土的代表海上活动的六支桨，印证了宁波先民是我国"海上丝绸之路"的先驱，为我国台湾和太平洋岛屿的文化作出历史性的贡献。澳大利亚悉尼市迪米蒙地电影制片公司在20世纪80年代拍摄了一部记录太平洋沿岸历史的影片，其序幕就是从河姆渡开篇的。

宁波文化矿藏的丰富性和不凡品质，还在于这里是海上丝绸之路的起源地之一，中国大运河的出海口之一，沿海城市中建城的起源地之一，金融史上我国钱庄的发源地之一，海运史上造船和航海的发源地之一……总之，宁波文化是整个中国文化经络中一个很关键的穴位。宁波的历史区域文化，犹如一座丰盈的藏书楼，在文化复兴的聚光灯下，亟须整理与传播。

宁波历史文化何其久也，宁波地域文化何其丰也，先贤前辈们已经为宁波开辟出了一块文化沃土。每念及此，作为祖籍宁波、生活于宁波的我，不禁对家乡深厚的文化遗产肃然起敬。可是，在今天追赶现代化国际港口城市的目标时，有多少宁波人还记得曾经的灿烂？又有多少人了解宁波往昔的辉煌？

（二）

区域文化研究的兴盛和传承，是近年来国内学界的独特景观，既得益于文化的复兴，又受到区域发展竞争的推动。齐鲁文化，燕赵文化，三晋文化，巴蜀文化，吴越文化，荆楚文化，岭南文化，等等，不一而足。这股热潮也波及作为吴越文化分支之一的宁波文化。

某种文明的价值观、思维方式和风俗习惯等，根本上是由地缘自然条件所决定的。文明所处的地缘环境与精神性格之间有着必然的因果关系。法国历史学家布罗代尔认为,影响一个文明的精神气质最根本的因素,是地理条件和自然环境,换成老百姓的说法,就是"一方水土养一方人"。

宁波地处东海之滨,三面环山,潮汐出没的宁绍平原居中,多类型地貌孕育出姚江、奉化江、甬江流贯其中,江河湖海点缀其间,构成了宁波"经原纬隰,枕山臂江"的地理特征。"南通闽广,东接倭人,北距高丽,商舶往来,物货丰溢。"(宝庆《四明志》)"自宋以来,礼俗日盛,家诗户书,科第相继,间占首选,衣冠人物甲于东南。"(成化《宁波府志》)

文化早熟的宁波好比一个内敛聪慧的智者,有外貌形象,有性格气质,也有个性脾气。发源于四明,耸立于三江,兼得中西交汇之利,倚其7000年的文明发展,塑造了一整套属于自己的优秀文化符号、习俗和精神,说得洪亮一点,叫作"宁波文明"。

每一个城市都有自己的来龙去脉,每一座城市都有独特的文化符号。宁波的文化特质,如果要用极精简的字词来表达,就是"江海"和"商贾"。水路交通和商帮文化是阅读宁波风云际会悠长岁月的两个关键词。伸展开来,从类型看,有海洋文化、农耕文化、港口文化、海防文化;从特质看,有商帮文化、耕读文化、工匠文化、饮食文化;从思想看,有浙东文化、佛教文化;从文人看,名儒硕彦,人文荟萃,有南宋的心学先贤"甬上四先生",有先生之风山高水长的严子陵、知行合一的心学大师王阳明、开启日本明治维新的导师朱舜水、工商皆本的民本思想家黄宗羲……正可谓千年古城,百年风云,几度沉浮,气血不衰,乃文化之力也。

(三)

一座城市的持久吸引力,不在林立高楼,而在文化气质。让城市站立不衰的,是文化"软实力"。表面上看,决定城市差异的是经济,骨子里是文化。今观神州,仰赖房地产狂奔的造城运动,流水线般建造的排排高楼大厦取代古城旧貌,割断了多少城市的历史脉络,推平了多少地域审美特征,埋葬了多少丰厚的历史记忆,已经无法计算。宁波籍文化大家冯骥才先生认为,我们中国历史悠久,民族众多,地域多样,每个城市都有独特和鲜明的城市形象。可惜,现在我们660个风情各异的城市形象基本都消失了,即使有,也支离破碎,残缺不全,很难再呈现出一个整体的城市形象。眼下,追名逐利遗失了文化,随波逐流遗忘了故乡,身在故乡而不知故乡何在。

　　物欲越是膨胀,文化越是珍贵。宁波人之所以成为宁波人,并不是因为出生在宁波,而是身上承载着宁波的文化符号和基因。这些由宁波的风俗、语言和信仰因素组成的"宁波腔调",以及地缘、血缘关系组成的坐标系,会让人们知道自己是谁、从哪里来。不论你身处世界何地,只要据此便可找到家乡,认祖归宗。如果遗失了宁波文化,即使站在这片土地上,也很难再是宁波人。令人忧心的是,在现代化城市化的急切步伐下,本土历史文化面临诸多存亡考验。公路毁了,可以修复;房屋塌了,可以重建;文化遗产一旦"消失",如同绝迹的物种,没了,就永远没了。现代人精神家园的迷失和情感归属的危机,成为一种流行国际的精神疾病,正是文化除根后流离失所的后遗症。

　　今天的宁波缺什么?不少人感叹缺文化,我看来,表述不很准确。宁波并不缺少文化,缺的恐怕是对丰厚文化的记忆和传承。"文之无书,行之不远",作为文化工作者,作为宁波人,我们深恐随着时间的推移,宝贵的精神财富因文字的阙如而流失,随着记忆的衰退而归零。把文化摆在什么位置,不仅仅取决于政府,更取决于每一个厕身其间的市民的态度。文化是城市之魂,是我们这座城市安身立命的基座。唤醒城市记忆的味道和画面,保护并标出宁波的文化风景线,绘制文化地图延续文脉,亟须一套权威、全面、通俗的文化读物。本丛书的出版和传播,即是努力之一。

(四)

本丛书的编纂,虽非规模浩大的文化工程,却颇费周折,几起几落,幸得宁波文化事业基金委员会慧眼识珠,忝系列扶持项目,又得宁波市委副书记余红艺及市委宣传部等部门的鼎力支持,宁波出版社调集精干,组织本地学界文化精英,殚精竭虑,撰写这套丛书。

自2012年始,编纂委员会成立并确定了丛书的编纂大纲,专家们从宁波地理文化和历史文化的坐标中,尽可能筛选出具有鲜明特色和传承价值的内容作为首批选题。第一辑八种,选题侧重反映对宁波发展最具影响力、最具代表性的八个方面地方特色文化。计划此后逐年推出各类文化系列,集腋成裘,奉献出宁波文化的"满汉全席"。

丛书着力点不在学术钻研和考证,而在文化的普及和传播,定位在文化"小吃",充其量是宁波文化史的通俗版、系列专题篇,绝非贯通一气的皇皇巨著。丛书力求编排图文并茂,文字通俗易懂,集知识性与文学性、学术性与普及性于一体,雅俗共赏,老少皆宜,为大众提供一张文化寻根的导游图,以及一杯安顿旅者心境的下午茶。于闹市中拾取一份宁静,于纷繁中理出一片安详,于浮尘中闻到一缕书香,于物欲中寻得精神的家园。

2014年夏写于水岸居

(本文作者为宁波日报报业集团党委书记、董事长)

目录

- 总　序　唤醒宁波的文化之魂　001
- 天下之港　001
- 丝路听潮　017
  - [一] 遣唐使　019
  - [二] 最早的宁波帮　037
  - [三] 万斛神舟　051
  - [四] 青瓷传奇　067
  - [五] 名城的背影　081
  - [六] 飘香的茶路　097
  - [七] 失落的书　111
  - [八] 扶桑国里云　127
  - [九] 风从明州来　147
  - [十] 佛国的流响　161
  - [十一] 妈祖的弘扬地　175
  - [十二] 自大的贸易　187

【十三】双屿之殇 207

【十四】日本的朱舜水 225

参考文献 239

天 ◇ 下 ◇ 之 ◇ 港

一个港口打开了一个国家的门。

开放的明州港（宁波港）通过海上丝绸之路，跨越浩瀚大海，把中国与世界连接起来，对世界文明进程产生了深远的影响。

在古代东亚的文明交流中，港通天下的明州起到了中心作用。明州不仅是中国与海外航海外交和通商贸易的始发港与目的港之一，也是中国古代文明向海外传播的重要窗口。

据说，日本狂妄的大名丰臣秀吉曾经说过：如果他能够征服东亚，一定会把统治的大本营放在中国的明州。这就引出了一个耐人寻味的概念：宁波的历史空间定位。

有着1100多年建城史的宁波地处中国沿海南北航路的中段，自古就是著名的港口城市。宁波港的独特意义来自于，它正好处于河海交汇的黄金地段。从历史空间的角度，可以这样描述宁波：东出大洋、西连江淮、转运南北、港通天下。

大量的考古、文献资料及历史遗存证实：唐宋以来宁波就是一个国际性港口城市。宁波港与浙东运河是外国来使与贸易商团的主要登陆口岸和通往中原的运河航道，同时也是中国使团和商团出海的主要通道。宁波不仅是海上丝绸之路重要的始发港之一，而且是中国大运河南端唯一的出海通道。从这个角度看，宁波港在海上丝绸之路历史上有着极为特殊的意义。

海上丝路通天下

海上丝绸之路是古代中国与外国交通贸易和文化交往的海上通道。一般认为，海上丝绸之路形成于秦汉时期，繁荣于唐宋时期，转变于明清时期，是最古老的海上航线。

海上丝绸之路主要有东海航线和南海航线。

东海航线始自周王朝建立之初（前1112年），武王派遣箕

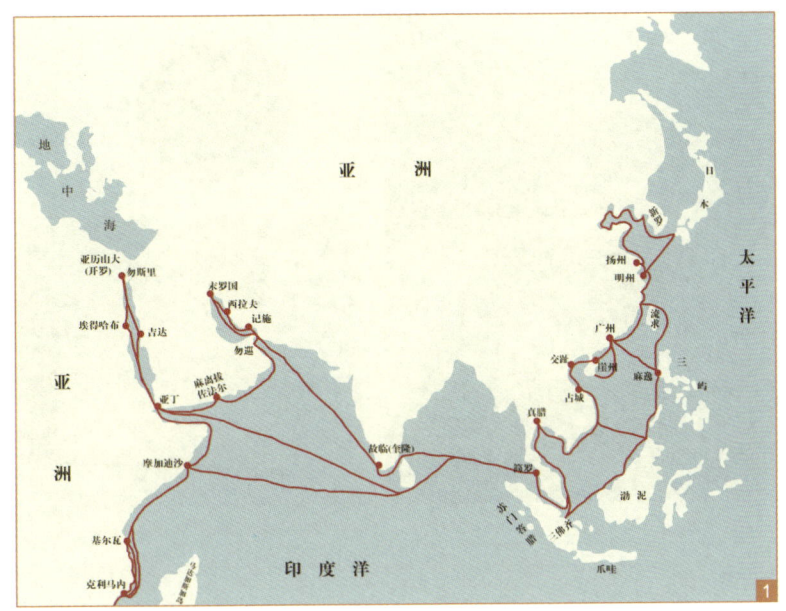

子到朝鲜传授田蚕织作技术。箕子从山东半岛出发,走水路抵达朝鲜。这样,中国的养蚕、缫丝、织绸技术通过黄海最先传到了朝鲜。秦始皇时,派徐福率童男、童女等数千人东渡日本,带去了养蚕技术,日本人后尊祀徐福为"蚕神"。

南海航线的起点,汉时为徐闻、合浦,公元3世纪起,广州、泉州相继成为海上丝绸之路的主港。由广州、泉州经南海到东南亚各国,并延伸至印度洋、波斯湾直至非洲大陆,这是当时世界上最长的远洋航线。

海上通道在隋唐时运送的主要大宗货物是丝绸,所以叫作"海上丝绸之路"。到了宋元时期,瓷器成为主要出口货物,因此也称作"海上陶瓷之路"。由于从海外输入的商品主要是香料,也有人称之为"海上香料之路"。

隋唐时期,由于西域战火不断,陆上丝绸之路被战争所阻断,海上丝绸之路代之而兴。到两宋,随着造船、航海技术的发展,南海航路的延伸,海上丝绸之路取代陆上丝绸之路,成为我国对外交往的主要通道。

明初郑和下西洋,海上丝绸之路发展到巅峰。清初,由于实

图① 海上丝绸之路航线图

施海禁政策,航海业开始衰败。五口通商后,与西方交往再次密切,海外贸易重又兴盛,但内涵和意义已经完全不同。此时帆船时代已经结束,代之而来的是蒸汽机船时代,海上丝绸之路由此消亡。

从宁波的历史看,海上丝绸之路主要经历了以下几个阶段:

萌芽期:主要是古越文化的传播。河姆渡先民创造的稻作农业文明,通过海上原始工具,开始向周边诸国传播,河姆渡成为亚洲稻作文明的发源地之一。

开通期:主要是汉时吴地工匠东迁,将先进的文化技术带入周边诸国。佛教开始通过海道传入中国沿海地区,三国至西晋时期,宁波已出现不少佛教寺院。

发展期:为学习盛唐繁荣的制度文化,日本派出遣唐使频繁来往于中日之间,遣唐使和民间商舶通过南路航线的往来,为大唐文化的传播架起了桥梁。这是宁波海上丝绸之路真正意义上的形成。

鼎盛期:宋元时期,造船、航海技术的重大发展,宋朝政府对海外贸易的鼓励,使海外贸易出现了繁荣的景象;南宋禅宗兴盛,以佛教交流为桥梁,各国僧人将中国文化传播到周边诸

图② 句章古城考古遗址
图③ 图④ 句章古城遗址出土的人面纹瓦当
图⑤ 句章古城遗址出土的筒瓦、板瓦

国。浙东明州上林湖成为青瓷中心产区,晚唐至宋元时期大量外销,从而形成了"海上陶瓷之路"。

禁滞期:明代,宁波港为朝廷指定的与日本"勘合贸易"的唯一港口,也是遣明使的指定出入口岸。官方贸易、文化交往时断时续。但由于明朝一度实行海禁,宁波港失去了宋元时期海上丝路繁荣的局面。

萎缩期:鸦片战争之前清廷实行严格的海禁,海上丝绸之路萎缩;五口通商后,海上丝绸之路从东西方和平商贸、文明对话之路,逐步转向为文明的冲突,直至成为掠夺、侵略、战争、殖民的通道。海上丝绸之路实际上就此终结。

从河埠集到国际港口城市

像历史上许多发达的城市一样,宁波城市的发展也是逐水而居,因港而兴,城市随港口的繁荣而兴盛。从句章港到三江口,再到北仑港,宁波港口的每一次变迁,就意味着向大海更靠近一步。海港、河口港、内河港三港合一,成为宁波城市的基本特征和核心价值。

宁波境内有城始于周元王三年(前473年),越王勾践筑城

图⑥ 句章古城遗址出土文物
图⑦ 句章古城遗址干栏式木构建筑局部

图⑧ 浙东运河

于姚江畔的句余,名句章城,城外有港可通江达海。东晋隆安四年(400年),句章城为孙恩起义军攻破,县治迁往小溪(今鄞江桥)。鄞江扼四明山之隘口,平原江河密布,小溪港水路可达古句章,经姚江水道可至会稽郡,水路交通十分便利。

但随着经济社会发展,人口繁衍,鄞江因其地卑隘,发展受阻。唐穆宗长庆元年(821年),明州治自小溪移至余姚江、奉化江、甬江交汇的三江口,明州刺史韩察造内城,俗称子城。乾宁五年(898年),明州刺史黄晟构筑罗城,三江口作为明州州城固定,并迅速发展起来。

以后的发展历史表明,三江口优越的地理区位,对明州城市的发展,起着关键而持久的作用。

三江口距海20余公里,甬江直通大海。甬江水位随潮涨落,远洋大帆船可以溯江抵达三江口;而内河舢板船借运河之便,可抵达中国内地绝大部分地区。

从历史文献记载看，唐宋时，明州城进入了以港口城市为核心的"帆船贸易"时期，已成为对外贸易的重要港口。到达明州的内河航船，一般从东渡门外的三江口换乘海船经甬江出海。同样，从岭南、福建等地以及日本、高丽来的海船，在明州驻泊后，改乘内河船，经浙东运河至杭州，与大运河对接，直达当时最大的商业城市扬州。唐代明州的水产贡品就是取道运河，昼夜兼程运往长安的；而明州的越窑瓷器也通过明州港销往日本、高丽等海外地区。

南宋迁都至临安（杭州）后，宁波实际上成了杭州的外港。这同天津与北京的关系有点类似。

当时，来往于杭州与宁波之间的商旅交通十分繁忙。由于杭州湾和长江口的浅滩和潮汐影响，来自中国东南的远洋大帆船只能在宁波卸货，转驳给能在运河及其他内陆航道通行的小轮船或小帆船，再由这些小船转运到杭州、长江沿岸港口以及中国北方沿海地区。而长江下游地区的产品则往往沿着运河运集至宁波港出口。

宁波港和浙东运河，实际上为中国大运河提供了河海联运、接轨内外贸易的黄金水道与优良港埠，是中国大运河连接世界大通道的南端门户。

从元代开始，宁波成为当时南方漕粮北运的重要运输港。由于"明、越当海道要冲，舟航繁多甲他郡"，元初就在宁波设置专门的漕粮海运的管理机构。元末天下大乱，漕运受阻，至正十四年，诏令方国珍兼任总漕事，"岁董舟师以卫达之"。后来"迁署于鄞。乃辟庆、绍所为都漕运府"。

南方漕粮北运的一个重要特征是河海联运。这种功能后来成为宁波航运业的特色："吾郡回图之利，以北洋商舶为最巨。其往也，转浙西之粟达之于津门。其来也，运辽燕齐莒之产贸之于甬东。"（清庆安会馆《甬东天后宫碑记》）。浙东运河与宁波港的组合作用显而易见。

至清代咸同年间,宁波港埠通商达到最盛。"舟楫所至北达燕鲁、南抵闽粤,而迤西川、鄂、皖、赣诸省之物产亦由甬埠集散",南北商号盛极一时。每年往来宁波港的船只有4600多艘。从宁波港出口的徽茶在屯溪集中,经浙东运河可"一水直达"宁波,宁波实际上成为一个重要的转口港。

从地理与历史看,明州的建立,治所迁至三江口和州城的扩建,是海上丝绸之路与运河发展到一定历史阶段的必然结果。宁波的城镇布局也始终与海上丝绸之路及运河水系紧密结合、一体发展。

从曹娥江、姚江交界至镇海甬江出海口,沿浙东运河主航道,余姚、慈溪、鄞县、镇海四大古县城一字排开。从其选址、布局及功能定位等形成发展的过程分析,几乎同海上丝绸之路与运河的形成及其功能的发挥完全一致。

在100公里左右的运河主航道上设置如此密集,形态、结构、功能各具特色,发育完备的四个古代县级行政机构,保证了宁波港及浙东运河各段航道的功能管理需求,这在大运河沿线及沿海城市中极为罕见。

"走遍天下,不如宁波江厦"

三江口,俗称"东门口",原本是宁波国际港口所在。唐宋以降,从三江口到灵桥一带,沿奉化江排列着多个码头,旧称大道头。在三江口的江面上、码头旁,帆樯林立,商贾云集,极为繁荣。

三江口是海上丝绸之路的核心港口,与日本、高丽、爪哇、安南、暹罗等二十多个国家之间频繁往来的商船在这里停泊和起航;同时,三江口又是国内航运贸易的枢纽港,漕粮北运的转口港。宁波航运业著名的南北商号,自南宋开始,至清嘉道时期达

图⑨ 三江口

到鼎盛，持续时间长达七百余年之久。

宁波有句老话："走遍天下，不如宁波江厦。"讲的就是三江口江厦街的繁华盛景。

明州港地处沿海中部，内河与海外交通便利，随着唐王朝对日本等国的开放，明州城的对外贸易迅速繁荣起来，明州港迅速成为海上丝绸之路的重要始发港之一。

宋代，西亚的波斯商人经常来明州做生意，于是宋朝政府专门在波斯商人聚居地设置了"波斯馆"，还造起清真寺，久而久之形成了一条波斯巷。波斯巷从一个侧面说明两宋时的明州港已经成为一个国际贸易港。

正是由于明州海外贸易的兴旺发达，明州港地位的举足轻重，从北宋起，官府开始在明州设置各种对外贸易管理机构。

宋初，政府在广州和杭州设立两个市舶司——广州市舶司和两浙路市舶司。北宋淳化三年（992年），两浙路市舶司从杭州迁至宁波，设于子城东南隅。咸平二年（999年），明州置市舶司，下设市舶务。

南宋元丰三年（1080年），朝廷下令"非明州市舶司而发过日本、高丽者，以违制论"。明州成为获准与日本、高丽通商贸易的唯一港口。政和七年（1117年），明州城内建高丽使馆，置高

图⑩ 唐宋子城鼓楼沿

丽司,又称来远局。

庆元元年(1195年),南宋政府废杭州、温州等四市舶司(务),"凡中国之贾,高丽与日本、诸蕃之至中国者,惟庆元得受而遣焉",明州港成为全国三大对外贸易港之一,国际通商贸易发展到极盛时期。当时明州从海外输入的商品达160种,至元朝时经由庆元(宁波)港进口的贸易商品更是达220种之多。

明洪武三年(1370年),宁波置市舶司,实行勘合贸易。宁波被指定为接待日本勘合贸易贡船的唯一港口。

清康熙二十四年(1685年)开放海禁,宁波设浙海关行署,是全国四个海关之一。道光二十三年(1843年),宁波被列为对外开放的五个通商口岸之一,于1844年1月正式开埠。

宁波海外贸易的发展,一方面得益于河海交汇的优越地理区位;另一方面,明州造船业的发达,为以宁波为始发港的海上丝绸之路和运河交通、贸易提供了有力支撑。

宁波是中国舟船文化重要的发祥地。唐时,明州已是全国重要的造船基地之一。宋代,三江口设有官营造船场,年造船数量居全国之首,最多时达数百艘。不论造船吨位还是技术水平,

图⑪ 永丰库遗址公园

明州都是当时全国首屈一指的,在国际上也属先进行列。明州港曾两次受朝廷指定打造了四艘"万斛神舟",专门用来通使高丽。

除官营造船场外,明州港民营造船业也相当发达,所造船只既有海船,又有内河沙船和驳船。

由于明州水路直通大运河,所以从唐代开始,明州就是千里大运河在东南沿海的物资集散中心,丝绸(陶瓷)之路的著名东方大港。在东门口码头遗址、天妃宫遗址、江厦码头遗址、渔浦城门遗址发掘中均有各类陶瓷制品出土。唐代,除越窑制品外,主要是长沙窑制品,宋元时为景德镇青白瓷,明清则是景德镇青花瓷。

长沙窑与景德镇瓷器主要是沿内河,通过长江,顺运河水道运抵宁波,再由宁波销往海外。因而,从某种意义上说,正是河海联运的便利,促进了宁波海上陶瓷之路的发展,成就了宁波在海上陶瓷之路中的独特地位。

1975年,韩国渔民在朝鲜半岛西南部新安海域发现一艘元代从庆元(宁波)港出发的沉船。考古队员从沉船里发掘出了

两万多件青瓷和白瓷,其中大多是江西景德镇窑和浙江龙泉窑的产品,也有江西吉州永和窑、福建建窑和河北磁州窑、定窑的产品。专家认为,这说明元时庆元港是重要的出口大港,全国各

地的瓷器通过千里运河水道走庆元港出口。

2002年,位于宁波唐宋子城遗址内的元永丰库遗址,出土了大量越窑青瓷、景德镇窑影青瓷、德化窑白瓷等宋元时期著名窑系的产品,进一步印证了明州是宋元时期国内瓷器销往东亚的第一大中转港。

对于明州而言,海上丝绸之路的兴盛对区域地位的提升、地区商贸的发展、产业结构的变化有着巨大的影响。就这个角度而言,海外贸易是唐宋时期明州社会经济发展的外在推动力。

一方面,来自日本、高丽及南海诸国的商品经市舶抽解后,在城内各个市场出售;另一方面,来自沿海与内地的各类商品在这里进行交易,然后由商人转销海外。明州城作为地区性商业中心和最大的消费市场,充分发挥着流通枢纽和物流调节的功能。

南宋时期,浙东运河是国家的生命线,由中央政府直接管理。当时,杭州与绍兴、杭州与海外的联系都依托于浙东运河。到了明代,宁波更成为对外开放的重要口岸,许多海外客商都通过浙东运河深入中国内地。

因此,两宋时期,特别是南宋以后,随着明州人口的增长、商品化水平的提高和浙东运河交通的发展,以跨区域为特点的远距离贸易进一步发展。

明州港是当时米粮中转地,遇浙西米荒,"二广之米,舻舳相接于四明之境",并经运河转运内地;明州的海产品销往以杭州为中心的江浙市场,甚至贩运至荆襄地区。

朝贡贸易之外,宁波的民间贸易迅速发展。民间贸易的发展,是宁波港与浙东运河在官方管理机构撤销后并未丧失功能的一大原因。

清乾隆二十三年(1758年)关闭浙海关,对外贸易中止。但宁波内贸仍兴,"百货咸备,银钱市值之高下,呼吸与苏杭上海

图⑫ 韩国新安沉船考古现场

图⑬ 按照新安沉船复原的木船

相通,转运既灵,市易愈广,滨江列屋,大都皆廛肆矣"。

文明对话之路

东西方文明对话最基本的形式是商业贸易和文化交流。商业贸易是其基本特征,政治、文化等交流则往往同步进行。

自古以来,宁波不但是与世界各国进行商品流通的大埠,而且还是国际政治、文化交流的重要门户。

宁波与海外的"文明对话"始于东汉晚期。这一时期,海外舶来品和印度佛教已通过海路传至宁波地区。

有意思的是,宁波在较早吸纳佛教文化后,经过融会、发扬,又通过海上丝绸之路传播至东亚地区,对日本、高丽的佛教文化产生了重大影响。

始建于西晋初期的阿育王寺和天童寺,在宁波与海外文化交流,特别是与日本的佛教交流中占有重要地位。阿育王寺在宋、明时期被列为"天下禅宗五山"之一;天童寺号称"东南佛国",被日本佛教曹洞宗尊为祖庭;作为中国古代佛教建筑典范的保国寺,则对东亚地区的寺庙建筑产生过较大影响。

唐显庆四年(659年),日本第四次遣唐使团在越州鄮县港口登陆。这是一件具有划时代意义的大事,它标志着宁波"海上丝绸之路"真正意义上的形成,也表明宁波开始成为国际文化交流的窗口。此后,日本遣唐使又先后三次在明州登陆入唐,宁波与日本等国的文化交流更趋密切。

与此同时,浙东越窑青瓷与中国的建筑、雕刻、绘画、书法及思想学说、科技等,通过以明州港为始发港的海上丝绸之路的传播,对一衣带水的日本列岛与朝鲜半岛产生极为深远的影响。浙东越窑制瓷技术是明州"海上丝绸之路"先进科学技术向外传播的重要标志。

有专家提出，广州、泉州对外来文化是属于吸纳型的，而古代明州海上丝绸之路的重要特点是向外传播，在与外来文化的碰撞中汉文化始终占据主导地位，输出、传播是主要的。

这种以输出为主的文化传播，正是基于运河文明的厚重中原文化的支撑。

运河文化与海上丝绸之路文化的交汇影响，最为典型的就是以我国八大天后宫之一的庆安会馆为主要载体的妈祖文化的弘扬与传播。

妈祖信仰起源于福建莆田。唐宋以来，宁波作为海上丝绸之路的重要港口，吸引了各地商人尤其是福建商人前来经商，妈祖信仰由此通过海上丝绸之路传播至宁波，并开始在宁波迅速发展起来。

庆安会馆是宁波最大天后宫——甬东天后宫所在，同时又是北号船商聚会议事的场所（南号船商比邻兴建了安澜会馆）。

由于宁波南北航运漕帮和对外交流的兴盛，妈祖信仰得到北宋朝廷的褒封，妈祖由此从民间供奉上升为朝廷封神。妈祖文化从宁波沿两条线路向外传播：一路是借助海上丝绸之路从宁波向东南亚一带传播，另一路通过运河向运河沿线及北方（以天津为代表）传播。宁波成为妈祖文化弘扬与传播极其重要的转折点。

运河文明与海洋文明、东方文明与西方文明，在宁波三江口碰撞、对话、交融，形成了宁波城市的文化底色，使其兼具农耕文明与海洋文明的双重性。

千余年来，宁波始终立风气之先，运河带给她厚重的积淀，海洋赋予她开阔的视野。宁波人重商、开拓、以天下为家的精神，正是在运河文化与海上丝绸之路文化的人文背景下孕育产生的。

以余姚籍思想家黄宗羲为代表的浙东学派提倡"工商皆

本"和"经世致用",萌生早期民主思想,对宁波的地域文化与宁波帮的兴盛产生了至关重要的影响。而海上丝绸之路就是明清浙东学术思想的重要传播通道。

明清之际余姚另一位学者、教育家朱舜水反清复明失败后东渡日本,授徒讲学,传播儒家思想,在日本产生重大影响。

英国学者威尔斯曾说:"当西方人的心灵为神学所缠迷而处于愚昧黑暗之中,中国人的思想却是开放的,兼收并蓄而好探求。"

中华文明历经冲击而仍能保持旺盛的生命力,在很大程度上得益于我们民族开放进取的海洋精神。

海上丝绸之路是海洋文明的集中体现,彰显的是我们民族勇于开拓、不断创新、锐意进取、兼容并蓄的精神。

三江交汇,百川归海。海洋孕育了宁波的文化,港口促进了城市的繁荣。

海上丝绸之路给宁波这座城市打上了深深的海洋文化的印记,铸就了宁波人的性格特征,积淀成为宁波城市的文化品格。

海上丝绸之路仿佛一个历史坐标,它昭示我们:一个城市的活力,来自于面向海洋、面向世界开放的勇气,来自于胸怀天下、海纳百川的气度。

丝·路·听·潮

[二] 遣唐使

唐朝是东亚最强大的帝国,她的威望像巨大的磁石吸引着世界的眼光,尤其吸引着一衣带水的日本、高丽等亚洲诸国的眼光。

从公元600年日本圣德太子派出第一批遣隋使,日本就开始了长达三百年的向中国学习之旅。尤其是到了唐朝,日本朝廷专门组织大规模的遣唐使团,目的非常明确,一是为了修好两国关系,二是为了学习唐朝制度文化。

遣唐使的起因其实源于日本的一次惨败。这决定了日本派出遣唐使的真实出发点,就是"师夷长技以制夷",学习的目的是强大自己,赶超唐朝。

公元663年,朝鲜半岛,百济联合高句丽出兵新罗,新罗求助于唐朝,唐朝派水师从山东半岛渡海进攻百济,一举灭掉百济,威胁到高句丽。日本向来视朝鲜半岛南部为其通往大陆的生命线,于是以救援百济为名,大规模出兵新罗,进而转战北上。

唐、日双方终于在白江口爆发决战,结果是,唐朝水师彻底击垮日军。

消息传来,日本举国震动,连夜构筑工事,全国备战,准备殊死一战。

不料,唐朝对这个岛国的领土根本不感兴趣。相反,出乎日本人意料的是,两年后唐朝还派出了一个2500多人的庞大使团,前往九州请见当时尚未即位的天智天皇。

这次惨败,给了狂妄的日本当头一棒,使日本清醒地看到与大唐之间的巨大差距,便暂时放弃了与大唐分庭抗礼的念头,转而彻底放下身段,全面学习唐朝先进的制度、文化。至此,已派了四次的遣唐使才真正有了实质性的意义。

两百多年后,当大唐日落西山,一直埋首学唐的日本却朝着前方跑了过去。

跨越东海

从630年舒明天皇派出第一支遣唐使，到894年日本废止遣唐使制度，在这前后264年间，日本奈良朝和平安朝一共派出了18次遣唐使。

前期一般一至两船，后期扩大到四船，因此也用"四舶"指称遣唐使。受日本造船技术所限，大致每船乘120人至160人的已算大舶，故遣唐使少则两三百人，多则五百多人。

五百多人中，水手大约占了一半，其次是勤杂人员和射手。除此之外，在整个使团中，最多的是学问僧，数十人，其次为留学生，一二十人，最少的是外交官员。

为了胜任政治与文化学习这双重使命，日本朝廷尽量选拔最优秀的人才充当遣唐使。选拔出来的遣唐人员均具有良好的文化修养，言谈举止温文有礼，且大多具有良好的汉学根基。

如著名的阿倍仲麻吕，出身日本官员家庭，天资聪颖，自小接受汉学教育。入唐后改名晁衡，与大诗人李白、王维等相互往来甚密，结下了深厚的友谊。后因归航受阻，留唐官至秘书监。

又如橘逸势，是日本古代最为著名的书法家，与嵯峨天皇、空海并称"三笔"。橘逸势为人豪放，不拘小节，入唐后与唐朝文人颇相契合，被唐人称为"橘秀才"。

遣唐大使藤原葛野麻吕，出身日本最有名望的藤原家族，地位显赫。菅原道真被尊称为"天满天神"，是日本文化的象征。菅原道真最终未能成行，但正是他于894年上奏天皇废止了遣唐使制度。其他如吉备真备、山上忆良、小野篁均为有名的才子。

而入唐的学问僧中最澄、空海、常晓、圆行、圆仁、惠运、惠珍、宗睿等人，更是学问大家，归国后开日本佛教新风气，被称为"入唐八大家"。

日本派遣遣唐使，从任命使臣到出发，一般需准备两三年，包括造船，采办礼品、衣服、粮食、药物等，筹措留学生、学问僧在唐费用。

由于当时日本造船和航海技术水平较低，遣唐使跨越大海，往来中日之间要付出惨重的代价，往往半数葬身海底，余下的漂流上岸，又常常落入海岛土人手中，惨遭屠戮。在当时，遣唐使之旅被视为畏途。

受命为遣唐使虽是荣誉，但也有许多人因为怕危险而推脱不行。小野篁就是一个例子。小野篁被选为第十七次遣唐使后称病不行，后虽然成行，但碰巧遇上风暴，船搁浅而幸运折回。小野篁为此还撰文指责遣唐使制度。

为鼓励遣唐使，日本朝廷对成行者，从水手到大使，均给予奖励，厚加赏赐，甚至封官加爵。

日本条令明确规定，赴唐者一律免去国家徭役，而且根据职位高低均有奖赏。遣唐大使赏绢50匹，绵150屯，布150端，此外，往往还会获得沙金200两及其他物品。对留学生和学问僧的赏赐远远高于判官，仅比副使少20端布，以便他们在中国有足够的钱购买书籍、文物并带回日本。为了赴唐取经、富强国家，日本可谓倾注了大量的心血，不惜投入超常的人力物力。

遣唐使到大唐，历史上有三条航线。一条是越过对马海峡沿朝鲜半岛海岸经东北入大唐，或从朝鲜半岛西南端，横渡黄海到山东登州，此为北线；一条是由九州南下，沿南方的种子岛、屋久岛、奄美诸岛，向西北横跨东海，在长江口登陆，再由运河北上，为南岛线；另一条是在难波（今大阪）登舟，通过濑户内海，从博多（今属福冈）直接横渡东海到大唐的明州，这一条路线为南线。

从7世纪30年代到70年代，约四十年间，日本遣唐使船基本采取北路航线。这条航线大部分沿海岸航行，比较安全。但新罗灭百济、高句丽统一朝鲜半岛后，与日本不和。因此，日本

遣唐使船在7世纪70年代到8世纪60年代的这一百年间,改取南岛线。这条航线主要航行于渺茫无边的东海上,风浪难以捉摸,十分危险。北线和南岛线都需耗时三十天左右,甚至更长时间。

8世纪70年代以后,改取南线。这条航线所需时间较短,一般十天左右,甚至三天可达,但风涛之险基本上与南岛线相同。这条航线一直沿用至遣唐使废止。

采取北线时,遣唐使的派遣平均约七年半一次,以后十二年半到二十年一次。公元838年后,中止55年才考虑派遣,最终至于废止。

历史上,明州是遣唐使到达"签证"与返航的重要口岸。唐时,明州已与交州(今属越南)、广州、扬州并列为四大名港,是东南亚贸易圈中的重要大埠。

选择在明州入唐,有着宗教与航路的双重因素。天台宗是当时中国佛教中最具影响力的宗派。日本的学问僧登陆明州后,只需走上数天路程,便可到达天台。对于日本僧人来说,这是最方便的一条路线。若要去唐朝首都长安,只要从明州取道内河

图① 遣唐使三条航线图

水路，经浙东运河到杭州，再沿着京杭大运河北上即可抵达，交通也十分便利。

从文献记载看，在总共十八次的遣唐使中，在明州上岸的共有四次。

最早的是第四次遣唐使团，唐显庆四年（659年）七月，遣唐大使坂合部石布、副使津守吉祥率两艘船，从日本筑紫出发，由北路来唐。其中副使津守吉祥率领的第二船，驶至越州（当时尚未建明州）鄮县（今宁波）靠泊。

第二次为天宝十一年（752年），大使藤原清河、副使吉备真备率第十次遣唐使团共500人入唐。第二、三、四船在明州和越州平安靠岸。第二年，随第八次遣唐使来唐的阿倍仲麻吕来到明州，随这次遣唐使船放洋归国，不幸中途遇险漂至安南（今越南）。

第三次是贞元二十年（804年），大使藤原葛野麻吕、副使石川道益率第十六次遣唐使团两舶来唐。因遇风暴，空海等乘坐的第一舶漂至福建长溪（今霞浦）。第二舶副使石川道益等100余人在鄮县登陆。同船到达的有著名的日僧最澄及其弟子义真等人。次年，特派录事山田大庭把在福建长溪的第一舶开到明州，于五月十八日和第二船一起从鄮县放洋归国。

最后一次是开成三年（838年）的第十七次遣唐使团。这次遣唐使团共发四船，有大使藤原常嗣、副使小野篁等651人，其中第一、四两船共270人成功抵达明州。第二年遣唐使团从明州归国时，明州府奉观察使之命，赐予日本遣唐使一行绢1350匹。

除上述四次正规的遣唐使外，还有许多日本僧人搭乘明州唐商的海船往返唐日之间。如，唐会昌二年（842年），李邻德唐商团从明州出港去日本，同船的有日本学问僧惠萼；大中元年（847年），日本人神御井与明州人张支信（有些史籍上也称张友信）、元净等37人，从明州望海镇（今镇海）起航归国；大中十二年（858年），李延孝商团从明州发船去日本肥前国值嘉岛，同船

的有日僧圆珍等；咸通四年（863年），张支信发船从明州起航去日本，同船的有贤贞、惠萼、忠全等日僧；咸通六年（865年），李延孝等63人从明州望海镇发船去日本，搭乘者有日僧宗睿等。

遣唐使到达明州，明州府的官员照例会对入唐的船舶进行检查，问明对方身份，查验完毕，发给官方批文，完成通关手续，才意味着遣唐使被获准入境，可以享受官方的招待。明州府同时向朝廷奏报入唐国家的人员、物资、船只与入唐目的，听候朝廷的批复。待朝廷批复下达，按照批文规定的人数，送使团北上长安。

学问僧则前往长安、扬州、洛阳及五台山、天台山等名山大刹，拜师求法，抄写、购买经卷，学习大唐文化。

直至894年，菅原道真上奏废止遣唐使，绵延两百多年的东亚史上影响至深的文化之旅才最终落下大幕。

废止遣唐使，固然与负担沉重、航行艰险有关，也和唐朝日益衰落有关，但最为根本的是，随着日本吸取唐文化趋于饱和，日本慢慢走上了自己的文化之路，民族主义思潮逐渐抬头。他们已经不再需要"唐风"，他们需要的是"和风"。

图②《吉备大臣入唐绘卷》（局部）

最澄大师

唐贞元二十年（804年）八月底的一天，在茫茫大海上经过一个多月的漂泊颠簸，一艘来自日本的船靠岸了。船舱里，一批僧侣站了起来，他们举目四望，船靠在三江口边上的一个码头，眼前是一片高耸的城墙。几十颗悬着的心终于落了地——大唐到了。

日本僧人到达的是明州港，是大唐一个重要的国际港口。他们在三江口码头登岸，穿过东渡门，进入熙熙攘攘的明州城。

这批日本僧人是著名的"遣唐使"的成员。出发时本来有两艘船，由于遇上风暴，第一艘船被风刮到了福建长溪。

在这批遣唐使中，有一位叫最澄的日本僧人。这位时年三十八岁的年轻僧人此后在大唐学习了八个月，回国后创建了日本天台宗，成为开创日本佛教的始祖。

最澄俗姓三津首，近江（滋贺县）人。其祖先为归化日本的汉人，据考为后汉孝献帝的后代。最澄十二岁从近江国师行表学佛，十四岁正式出家，十九岁在鉴真生前弘法的东大寺受具足戒，成为比丘僧。受戒后三个月，登上比睿山，隐居于草庵，潜心修行佛道。这一隐居就是十三年。

对于一个二十岁都不到的年轻人来说，这种愿心和恒心令人吃惊。最澄隐居比睿山的原因，据其弟子仁忠说，乃是由于感叹人生之无常、正法之衰退，而想栖身山林。在最澄入山后不久所写的愿文中也有同样的表示。

当时正值日本奈良时代，日本国内几乎已引入佛教所有的思想和经论。但佛教界沉溺于学解论议，教义纷杂，俗权化严重。为摆脱奈良佛教界的牵制，桓武天皇迁都长冈。最澄眼见如此景象，遂立下探究真佛教与统一佛教之宏愿。

最澄从研究华严学入门，渐渐加深了对作为统一真理的《法华经》与作为统一佛教的天台思想的认识。二十二岁时，最澄建一乘止观院，即根本中堂。三十二岁时，他开始讲解《法华经》及天台思想。

天台思想之正源在大唐，为求更进一步的深造，受桓武天皇之赐，最澄遂于804年作为遣唐使的一员，与高僧空海、橘逸势等一起入唐求法。

由于在海上一个多月的风浪颠簸，最澄抵达明州时染病在身。他在寺院将息了半月，出发前往天台山。

按照大唐的规定，日本遣唐使上岸，必须要有当地官方的牒文，方可前往他处。最澄于九月十二日领到了明州书史孙阶发给他的牒文。书史，就是掌管文书的官吏。

孙阶的牒文内容如下：

> 日本国求法僧最澄，往天台山巡礼，将金字《妙法莲花经》等：金字《妙法莲花经》一部（八卷，外标金字），《无量义经》一卷，《观普贤经》一卷（以上十卷，共一函盛封全。最澄称，是日本国春宫永封，未到不许开拆），《屈十大德疏》十卷，本国《大德诤论》两卷，水精念珠十贯，檀龛水天菩萨一躯（高一尺）。
>
> 右得僧最澄状称，总将往天台山供养：供奉僧最澄、

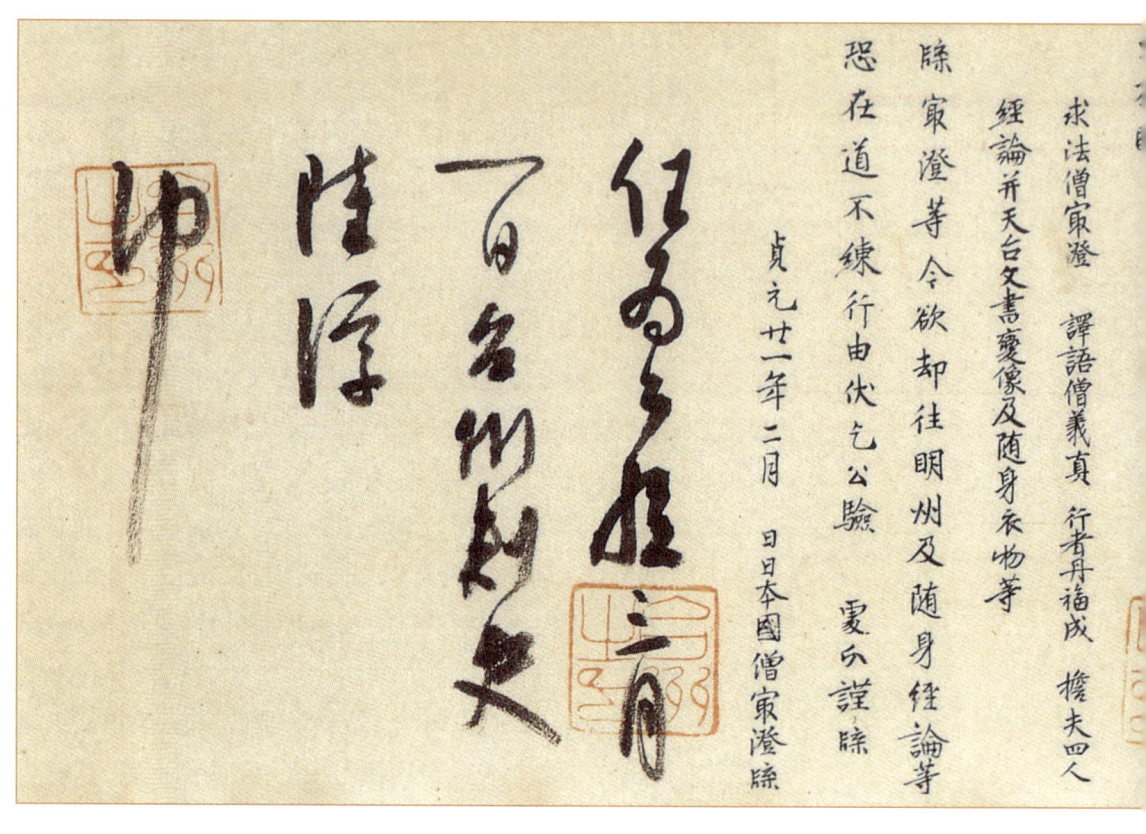

图④《明州牒》

沙弥僧义真、从者丹福成。文书钞疏及随身衣物等,总计二百余斤。

牒得勾当军将刘承规状称,得日本僧最澄状,欲往天台山巡礼,疾病渐可,今月十五日发,谨具如前者。使君判付司给公验,并下路次县给舡及担送者,准判者谨牒。

贞元廿年九月十二日,史孙阶牒,司户参军孙负。

这里的司户参军,是主管户籍的官员。从牒中可以看到,当时明州对遣唐使的管理相当规范。牒文中对使者的名字、人数,随身所带物品的名称及数量,出发的时间、目的地及出行目的等,都作了详细的记录。

五个月后,在最澄离开天台山回明州时,台州刺史陆淳在同一张度牒上签批了回牒,内容是这样的:

明州　牒

経等

日本國求法僧最澄往天台山巡礼将金字妙法蓮花

金字妙法蓮花経一部八卷　無量義経一卷

観普賢経一卷　已上十卷共一函盛対全最澄将是日本國

春宮永封来不許開拆

屈十大徳疏十卷　本國大徳諍論両卷　永精舎珠十貫

栴檀龕永天菩薩一躯　高尺

右得僧最澄状稱憋将往天台山供養

供奉僧最澄　沙弥僧義真　径者丹福成

文書鈔跡及随身衣物等憋討髙伯餘斤

條得勾當軍将劉承規状稱得日本僧最澄

状欲往天台山巡礼疾病漸可今月十五日発遣

具如前者　使君判付司給公験并下路次県給舩

及擔送過者准　判者確依

貞元廿一年九月十二日史孫滔牒

司戸参軍孫賞

　　日本国求法僧最澄、译语僧义真、行者丹福成、担夫四人，经论并天台文书、褒像及随身衣物等。

　　牒：最澄等今欲却往明州，及随身经论等，恐在道不练行由，伏乞公验。处以谨牒。

　　贞元廿一年二月　日日本国最澄牒

　　任为公验。三月一日台州刺史陆淳印。

　　这张罕见的明州、台州两府文牒二合一的度牒，就是著名的《明州牒》，又称《传教大师入唐牒》。从陆淳在两牒额首、骑缝、落款三处连续签字推测，他是将最澄送上的《明州牒》先保存在府台，到最澄回明州时再签发发还。

　　《明州牒》长100厘米，宽35厘米，明州、台州两府牒文各盖有3个府印，府印规格均为6厘米方印。两牒共有三种书体，前两种分别是明州府和台州府文书书写的中楷公文,陆淳在额首、骑缝、落款的签字则为行草,潇洒流畅,颇为美观。

《明州牒》现保存在日本京都的千年古刹比睿山延历寺,被奉为日本国宝。

九月十五日,最澄持《明州牒》赴天台山。在天台山,最澄随从修禅寺道邃和佛陇寺行满受天台教义,并与弟子义真从道邃受菩萨大戒;又从禅林寺翛然习牛头禅。翌年三月,最澄离开天台山,至越州龙兴寺,从顺晓受密教灌顶,并抄写了许多经疏。

五月,最澄与弟子义真一行回到明州。当月五日,最澄在明州开元寺法华院从灵光法师受"军荼利菩萨坛法"并契象等,又从鄞县檀那行者江秘受"善集会坛"并"如意轮坛"等法。

开元寺遗址在今延庆寺北面,莲桥街、五台巷一带。开元寺始建于唐开元二十八年(740年),当时寺内建有千佛殿,有经院、白莲院、法华院、戒坛院、三学院、摩诃院六子院。住持为广利大师辩光,寺院盛况空前。

当时的明州刺史郑审则,因钦佩最澄不畏艰险和勤奋好学的精神,亲自作文相赠:"最澄大师……来自礼仪之国,万里求学,视险若夷,不惮艰苦。"

为纪念最澄渡唐及与明州开元寺的渊源,2011年11月,宁波观宗寺隆重举行"最澄大师着岸圣迹揭碑仪式暨文殊殿开光法会"。海内外诸山长老及各界学者云集,同沾法露,共沐法雨,一起见证了这一庄严而神圣的佛教庆典。

最澄在唐时间虽只有短暂的八个月,却得到了天台、禅、密、大乘戒四种传法,取得了丰硕的成果。

唐贞元二十一年(805年)七月,最澄携带着金字《妙法莲华经》、《台州录》102部240卷、《越州录》230部460卷及大量图像、法器,随同藤原葛野麻吕遣唐使平安归国。

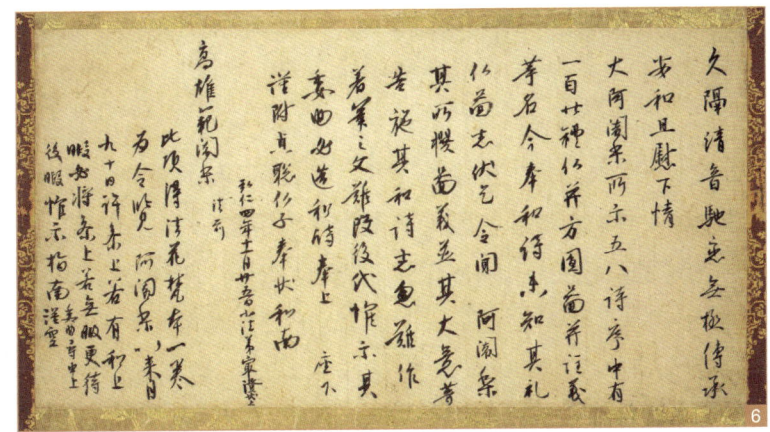

在明州逗留的日子里，细心的最澄发现明州有上好的茶叶品种，遂在归国时带走了明州的茶种，开始了日本种茶的历史。

归国后，最澄先是在高雄山寺设灌顶坛传密教，是为日本有灌顶之始，并正式在比睿山创立日本天台宗。

当时，大乘佛教虽已兴起，但在实际的生活规范方面仍然以小乘戒为依据。为脱离奈良旧佛教势力的支配，在实质上真正确立天台宗，最澄决意在睿山设立大乘戒坛。如果能够实现大乘戒坛的话，那么就能在教理和实践两方面实现大乘佛教的实质性确立，这是佛教史上具有划时代意义的事件。

为此，最澄用大乘戒制定了教育睿山学生的规定《山家学生式》，明确表示要以大乘戒建立纯粹大乘寺的四条式。四条式最值得注意的是，强调真俗一贯，致力于现实实践的菩萨行，主张出俗之僧也应该是以大乘菩萨戒为依归的"菩萨僧"。

对于睿山想别立大乘戒坛，奈良佛教界当然极力反对，就连日本政府也不允许。820年，最澄上呈《显戒论》，引用中土《仁王般若经》中的说法，认为国王设僧纲来统制僧侣违反正道，希望政府再予考虑，但到最澄去世，政府仍未许可。

公元822年4月，最澄卧病在床，自知不起，向弟子嘱托后事："勿为我做佛事，勿为我写经，应述我之志。"并告诫："道心

图⑤ 传教大师最澄入唐着岸圣迹碑
图⑥ 最澄久隔帖

之中有衣食，衣食之中无道心。"6月4日，最澄于比睿山中道院圆寂，时年五十六岁。嵯峨天皇闻讯作《哭澄上人诗》悼念。

最澄死后七日，大乘戒坛建立的敕许颁布。翌年二月，朝廷赐寺额，称为延历寺。此后一千多年，延历寺成为日本天台宗总本寺。全盛时期，延历寺有"三塔十六谷"之称，拥有三千多间僧房，可谓气势宏大、威震四方。

最澄于延历寺根本中堂点燃的法灯，在悠悠岁月中，历经沧海桑田，长明不熄。可惜，最后还是被织田信长一把火烧个精光。

戒坛院的实际兴造，是在最澄死后第六年即827年5月，最澄的夙愿至此终于达成。清和天皇贞观六年（864年），最澄死后四十二年，被赐予"传教大师"谥号，是为日本有大师号之始。

最澄一生的精神在为新兴佛教与奈良旧佛教对抗。最澄创立的天台宗主张圆教、密教、禅、戒四宗合一，力求独立于王权和俗权之外，对日本镰仓时代禅宗的兴起有深远的影响。

作为一起入唐的留学僧，最澄开山的天台宗与空海创立的真言宗并驾齐驱，成为平安时代日本佛教界最有影响力的两大派别。

但平安末期的社会动乱，敲响了日本人心没落的警钟，使人不得不面对世间的无常和苦恶。在面对现实之时，想要再于真理殿堂的深处，沉溺于绝对一元的观念已变为不可能了。因此，在天台学僧之中，离开睿山而立于现实之街巷者也就出现了。

头陀亲王入唐记

在遣唐使之外，唐朝与日本之间的使节往来也相当频繁。由于这部分入唐使节或担负着特殊的政治使命，或以民间商贸为主，故日本朝廷未把他们列入遣唐使之中。但他们在中日交往中仍扮演着重要的角色。这其中以头陀亲王最为著名。

头陀亲王原是平城天皇的第三子高岳亲王,后削发为僧,法名真如,又称头陀亲王。

唐咸通二年(861年),头陀亲王经天皇批准,开始筹划渡唐的船舶。七月十一日,头陀亲王从难波津出发,经过二十余天抵达博多大宰府鸿胪馆,大宰府鸿胪馆是日唐商旅、官员出入的主要驻地,日本官府在这里设有一整套管理通商贸易与文化交流的机构。又过二十余天,头陀亲王至壹岐岛,最后来到肥前国松浦郡的柏岛。

在柏岛,亲王请大唐著名航海家、船舶制造家、明州商人张支信打造入唐的大舶。海舶打造好后,张支信把船从柏岛开到大宰府鸿胪馆。

唐咸通三年(862)七月中旬,亲王聘请张支信担任舵师,从大宰府鸿胪馆把大舶开到值嘉岛。九月三日,从值嘉岛正式起航,利用东北风,扬帆疾驶,九月六日风止,但浪高如山,张支信立即命令投下石碇。此时船上人员均惊慌失措。据《头陀亲王入唐略记》记载:"此月六日未时,顺风忽止,逆浪打舻,即收帆投沉石,而沉石不著海底,仍更续储料纲下之,纲长五十余丈,才及水底。此时波涛甚高如山,终夜不息,船上之人,皆惶失度,异口同音祈愿佛神。"

从值嘉岛横渡东海至明州,航线的中途需作一次深海锚泊候潮。早在这条航线开辟前,鉴真第五次东渡未作深海锚泊,被洋流漂至海南岛;第六次东渡也未作深海锚泊,同行的阿倍仲麻吕被漂至安南。

从"纲长五十余丈"看,张支信选择锚泊的地方深达百米左右,应该在外海。由于日本人多信佛,故遇海险时,会不由自主地"祈愿佛神",念的是观音咒。

第二天一早,风微日出,启碇挑帆,御风而行。九月七日午时,已见到大唐明州的云山,未时到达大唐明州之杨扇山,申时到达彼山的石丹岙,即落帆下碇。

　　日本值嘉岛至明州,长达四百多海里,五天四夜到达,行船时速在每小时五海里上下。这对帆船来说是一个了不起的速度。在五天四夜的航程中,航海家张支信不但如神地利用自然风向与海流进行航行,而且在浪高如山的情况下,能妥善处理,足见其航海技术之高超。

　　亲王入唐的这条航线,即难波津 — 博多(大宰府鸿胪馆) — 值嘉岛 — 明州,应该就是唐日航路中的南线。

　　据林士民先生考证,这里的云山应为舟山群岛本岛,杨扇山应是金塘山,而石丹岙则是阿育王山岙口一带。

　　上岸后,只见岸上几十人,围坐着吃酒,看到海舶靠岸,纷纷惊起,群立岸边,向张支信打听情况。张支信回答:"此日本国求法僧徒。"这些人嗟叹良久后,差人问候,并献上土梨、柿、甘蔗、沙糖、白蜜、茶等特产。亲王好奇地问张支信:"此何等人?"张支信答:"盐商人。"

　　亲王感慨道:"虽是商人,体貌闲丽如此。"即答谢,赠以本国土物数种,商人辞退不肯受,亲王又派张支信前去解释,这些商人就收了杂物,谢还金银之类。

　　九月十三日,明州府差遣司马李闲,点检舶上人与物,奏闻京城。同时安排亲王一行住进专门接待日本使者的宾馆。第二年九月,亲王一行被正式准许入京。

　　十二月,亲王、宗睿、智聪、安展、禅念、兴房等驾江船沿浙东运河、京杭大运河、隋唐大运河入京。留下来的惠萼、贤真、忠全与小师、弓手、舵师、水手等,在接到朝廷批文后,由张支信护送,从明州望海镇(镇海)返航日本。

　　亲王在长安,有一则颇有意思的故事。亲王在当时的日本国,是赫赫有名的围棋第一高手。他到达长安后,要求与唐朝国手对弈,于是有了中日第一高手的对决,结果是亲王输了。好歹维持了大唐的脸面。可当亲王问起这位获胜的弈者是大唐第几高手时，负责接待的官员谎称是第三高手。亲王紧接着说，希望能会一会第一高手。这位官员回答：按照大唐规定，胜了第二高手方可见第一高手。亲王叹曰："小国的第一，不如大国的第三啊。"

其实这只是一个谎言，却煞有介事地假托大唐的规定。背后透露的是，风烛残年的大唐，文明之花正在枯萎。三十年后，日本废止了遣唐使制度。头陀亲王也未在大唐首都长安取得真经，又转赴印度开始了他的寻找。

在长达两百多年的全面唐化过程中，日本学习得十分认真，研究得非常彻底，不仅形似，而且得其神髓，大致把想学的东西都移植到了日本。当遣唐使停止之后，日本文化也到了转型之时，上至国家制度，下至文字、书法，都开始走上日本化的道路。在遣唐使的背景下，真正日本民族的文化即将破壳而出。

【三】最早的宁波帮

早在一千多年前,一群商人就以天下为家的气魄,驾一艘自造的小帆船,冲进深不可测的大海,迎着滔滔巨浪,驶向未知的异邦。

他们是中国最具开拓和冒险精神的一群人。面对土地贫瘠、田不足养的困境,他们毅然将目光投向广袤的海洋,扬帆远航。

他们是海上丝绸之路的开路人,是国际贸易的拓荒者。在世界还沉睡于大陆文明之时,他们就已经横跨大洋,北上日本、高丽,南下东南亚、印度洋,驰骋于国际贸易舞台。他们是海洋文明的真正代表。

不可否认,他们的出发点是为了生计,为了渔利,但他们在无人涉足的大洋中开辟了一条传布文明的航路。他们是商人,更是文明的使者。

他们的名字叫"明州商帮",也被称作"唐商团"、"唐商帮"。他们是最早的"宁波帮"。

唐商团

"宁波帮"的兴起与地域因素息息相关。

明州一带"濒海之地,田业既少",渔盐夺农,人们难以获得更大的生存空间,因而多弃农从商,经商风气盛行。宁波地域原设鄞县,"鄞"即城东的鄞山,现在宝幢的阿育王山,"以海人持货贸易于此,故名"。所以,宁波的商味是骨子里的,自古就浓厚。

最初,海商主要由沿海的农民、渔户组成,他们或为生计所迫,或为利益驱使,扬帆出海。海外贸易的利润十分诱人,"每十贯之数可以易番货百贯之物,百贯之数可以易番货千贯之物"。丰厚的利润撩拨着社会的各个阶层。富至百万之家,贵至公卿大臣,或与人合股,或租船募人,也纷纷加入海外贸易之列。

风气所尚,以致居民之中"籍贩籴者半之"。由唐入宋,僻在海隅的明州一跃成为"东南之要会","市列肆垺于二京"。陆游记其盛况曰:"惟兹四明,表海大邦……万里之舶,五方之贾,南金大贝,委积市肆,不可数知。"其财富丰足、都市繁华,为一时之盛。

明州繁荣的原因,舒亶描写为"郡楼孤岭对,市港两潮通",乃是因港兴市。宝庆《四明志》作了更明确的解释:"本府僻处海滨,全靠海舶驻泊,有司资回税之利,居民有贸易之饶。"官府、居民皆得益于贸易之利。

有史料可查,唐商最早赴日贸易是会昌二年(842年)春,商人李邻德自明州港驾商船渡海去了日本。此后,海商贸易的次数不断增加,到903年,唐商船往返中日贸易达三十六次。

在此之前,唐日贸易主要是通过遣唐使朝贡贸易和新罗使与渤海使的中继贸易进行的。9世纪初,唐与新罗(今朝鲜半岛)的海上贸易发达,作为唐日贸易的中继,新罗对日交通频繁,初来乍到的唐商一般都选择乘坐新罗商船前往日本。

9世纪后,随着航海的发展,新航路的开拓,特别是遣唐使停派后,在唐、罗、日三角贸易圈中起主导地位的已不是官方的朝贡贸易,而是由新罗商人和唐商人组成的东亚商帮集团。民间的海商取代遣唐使,成为中日贸易、文化交流的主要承担者。

海商集团的兴起与日本当时的抑商国策分不开。一方面日本国人钟爱唐物,另一方面日本政府又限制官方贸易,结果就刺激了民间贸易的兴盛。

9世纪前叶,新罗商人来往于唐日之间,频繁向日本输出唐货。唐日贸易的主导权掌握在新罗人手里,这其中的代表就是新罗人张保皋。

张保皋(790年—846年),史籍上也称张保高。三十岁时,流亡至大唐徐州。因其"善斗战,工用枪",成为武宁军小将。829年,张保皋归国,拜见新罗兴德王,提出:"遍中国以新罗人为奴婢,愿得镇清海,使贼不得掠人西去。"清海是新罗海路的要塞,即现在的全罗南道莞岛郡。兴德王给了张保皋一支万人军队,令其镇守清海洋面。

兴德王去世后,张保皋帮助金佑徽杀了闵哀王,助其登上王位,是为神武王。拥王有功的张保皋被封为感义军使,封二千户。

840年,神武王之子文圣王欲娶张保皋之女为次妃,朝臣以张保皋是海岛人为由加以反对,文圣王因此作罢。张保皋于是心生怨恨,翌年于清海镇发动叛乱,同年十一月为朝廷派来的刺客杀害。

张保皋从一个无名小卒,一跃成为朝廷重臣,其强有力的后盾是他在开展唐日贸易中积累起来的巨大财富。张保皋以海上交通要道清海为根据地,致力于唐日贸易。据圆仁《入唐求法巡礼行记》,张保皋在山东半岛的赤山村建有自己在唐的据点。

张保皋的商船到大唐沿海,售出新罗货物,购得唐物,再将

图① 张保皋

图② 位于山东威海赤山的张保皋传记馆

唐物运往日本交易。张保皋商团人员众多、船舶坚固，交易规模巨大，在相当长的一段时间里，几乎垄断了唐日的海外贸易。

明州及舟山是张保皋商团向东南沿海拓展贸易的主要港口。自新罗灵岩附近或清海镇出发，经黑山岛，横渡东海，可到达唐明州望海镇（今镇海）。这条航路的开通，使张保皋的贸易船可直接来到明州。当时，留学唐朝的学问僧大多搭过张保皋的商船。

新罗与唐贸易，输出的主要是绸缎、麻布、金银、人参、药材、马匹、毛皮和工艺品等。张保皋精明地认识到陶瓷在当时贸易中的重要性，他不但经营精美的越窑青瓷，而且还直接从明州带回懂技术的陶工。这些被带到新罗的明州制瓷工匠，与新罗人一起，终于烧制成功真正的"新罗青瓷"，这比日本烧成真正的瓷器要早近三个世纪。新罗从此由青瓷输入国，一跃成为青瓷输出国。

9世纪前期，由于新罗政权的强势，和在日新罗流民叛乱事件的频发，日本国内加强了对新罗的警戒。新罗商人也因有"窥国消息"之嫌而成为警戒对象，不再受日本政府欢迎。张保皋身亡后，其下属四散流亡海外，更加大了日本对新罗商人的戒心，进一步禁止新罗商人在日活动。新罗商人虽然仍可以到日贸易，但不得入住鸿胪馆。

正是在这样的背景下，唐商应运而生登上历史舞台。到了9世纪中期，大唐商团取代新罗商人，掌握了唐日贸易的主导权。

大唐商团主要就是明州商团。其中最著名的是李邻德商团、张支信商团和李延孝商团。这三个以海运为主体的商团，不但拥有实力强大的船队，而且参与的人数也比较多。

这其中，李延孝其实是渤海国（东北地区的靺鞨国）商人，一直充任大唐明州商人与日本开展贸易。这是因为日本对新罗商人持不欢迎态度，而喜欢同唐人交易合作，一些原来的新罗、渤海商人于是隐瞒国籍，加入中国商团，或假冒唐人往来唐日之间经商。李延孝就是其中之一。

明州商团以明州为贸易港口，以江浙地区为腹地，积极开展对日贸易。查证日本史籍，从9世纪中期到9世纪末的半个世纪中，唐日之间往来船舶三十余次，而与明州有关的商船往来次数占总数的五分之一左右。实际的数目应该多于这个数。每次少则三十几人，多则六七十人，具有组织较大规模海外经商活动的能力。

明州商团从明州带走的贸易品，以青瓷、丝织品为主。二者都是明州或江浙地区的特产，货源充足。越窑青瓷制作精美，尤以"秘色瓷"闻名于世。明州附近上林湖、东钱湖的越窑窑场在晚唐时十分兴盛。明州和邻近的越州是唐后期主要的丝织品产地，所产丝织品质地优良，做工讲究，深受日本国人的喜

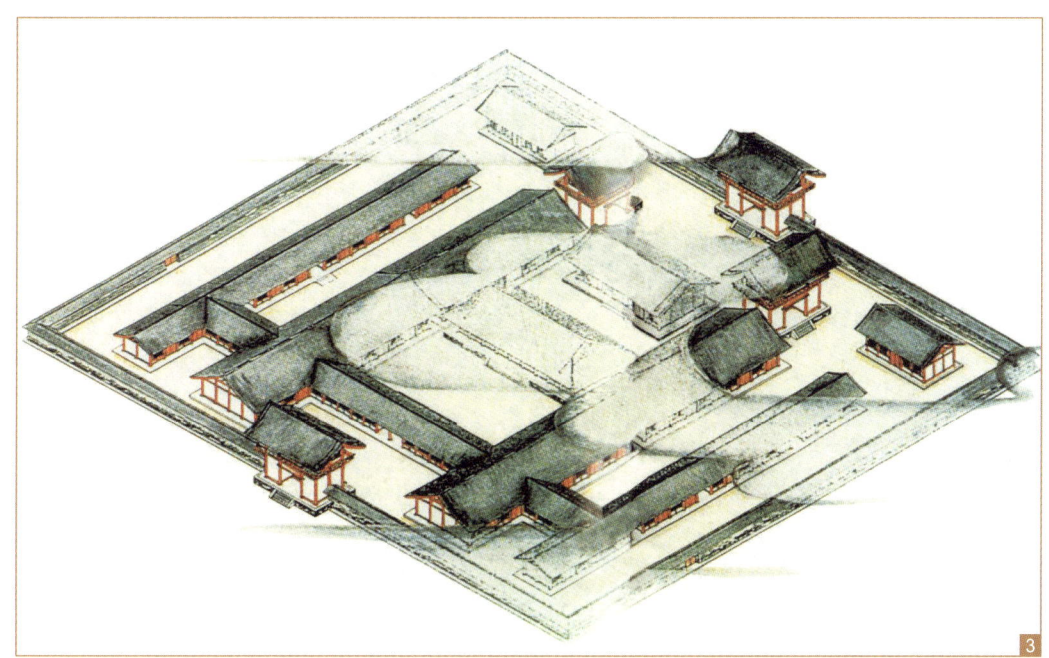

爱。在日本的正仓院中,至今仍藏有不少唐朝精美的丝织品。其中部分为唐商传入,部分为唐朝赴日工匠所制。

明州的港口优势,加上青瓷和丝织品产地的优势地理位置,使明州商团在唐日贸易中必然扮演着一个非常重要的角色。明州港成为唐日贸易交流的一个至关重要的大埠。

除瓷器和丝织品外,明州商人还向日本带去佛像、中药材、香料和其他工艺品。明州的骨木镶嵌工艺品也由此传到日本,在日本保存的镰仓时代正仓院物帐里,还保留有"骨木镶嵌紫檀木棋盘"、"骨木镶嵌紫檀木双六盘"等明州工艺品。明州商人从日本带回来的则是砂金、铜、硫磺、刀剑等产品。

明州商人一般满载货物,从明州三江口出发,至望海镇放洋,横渡东海,到达日本值嘉岛,由此再进入博多湾,然后可抵达难波津。其中值嘉岛是唐商重要的中转站,值嘉岛即现在的日本五岛列岛和平户岛。当时在肥前国松浦郡的柏岛居住了不少大唐商帮与航海家,他们在此建造大舶,传授制造技术与航海技能。

图③ 鸿胪馆复原图

回来则是从难波津到博多（大宰府鸿胪馆），再到值嘉岛，渡过东海，回到明州。这条航线，就是唐日航路中的南路航线。由望海镇至值嘉岛，顺风的话一般三天即能抵达。归程则需要六天至十天时间。

明州商团三大集团中，李邻德集团主要往来于明州港与博多津之间，史籍记载其往返次数达百余次，可见贸易之频繁。张支信主要以日本肥前的松浦郡港为基地经营海运业，参与其

图④ 鸿胪馆遗址展示馆（外景）
图⑤ 鸿胪馆遗址展示馆（内景）
图⑥ 鸿胪馆遗址出土的青瓷制品

事的有三十多人。而李延孝商团则活动于明州港和值嘉岛之间，人数多达六十人。

　　明州商团到日本后，一般都是直接与日本的大宰府做生意。大宰府为此专门建造了鸿胪馆供明州商团登陆后居住，并在那里进行商贸交易。日本大宰府市政厅边上至今还保留着鸿胪馆的遗址。另外，明州商团在福江岛上还有寄泊地，现在日本的那留浦还保留着一口唐商的汲水井。

　　唐大中元年（847年）六月，明州商人张支信等37人，乘船由望海镇起碇放洋前往日本肥前值嘉岛进行贸易，三日后抵达日本，创中日间帆船最高航速。大中三年（849年），张支信等53人再次赴日。

　　这些唐商不仅是商人，而且还是技术高超的航海家、造船家。当时有很多遣唐的日本僧人都是乘坐他们的商船来到大唐，几年后再搭乘顺便的商船借信风回国。有名的如在普陀山留下不肯去观世音的日本名僧惠萼，会昌元年（841年）秋入唐，次年春搭明州商人李邻德的船返日。大中元年（847年）第三次入唐，惠萼则是搭张支信的商船返日的。

　　由于大唐制造大海船的技术先进，日使赴唐的船一般也都请唐人打造。唐会昌二年（842年）学问僧会运赴唐，所乘的船是大唐李处人在值嘉岛用大楠木制成，耗时三个月。唐咸通三年（862年），日本头陀亲王入唐，所乘海舶也是先请张支信在肥前的柏岛打造。

　　明州商人张支信是中国航运史上公认的大航海家、造船家。头陀亲王入唐的海舶，张支信足足花了八个月的时间打造，所造海舶体量巨大，工艺精巧。

　　头陀亲王同时聘请张支信担任赴唐海舶的舵师。咸通三年九月三日，张支信驾驶着头陀亲王入唐海舶，从值嘉岛正式起航，九月七日申时即顺利到达明州泊岸。从日本值嘉岛至明州，仅仅花了五天四夜的时间，这样的纪录，在大唐航海史上也是罕见的。

中日 1000 多年的交往史显示，在官方交往停滞的年代，民间来往就成了两国关系的基本保证，有时甚至是中坚力量。商贸搭台，文化唱戏，这些唐朝的"宁波帮"穿越茫茫大洋，带去了唐朝灿烂的物质文明，也带去了大唐先进的制度文化，同时带回了日本的物产与文化。他们不但是中日之间贸易往来的一个媒介，而且充当了中日僧人、政府官员来往的交通媒介，他们毫无疑问是中日交流的一条重要纽带。

宋海商

明州的海商在北宋继续发展，到南宋达到了一个高潮。

两宋政府都是以大国正常的心态来看待与海外国家的贸易往来的，他们务实地看到海外贸易对扩大国家财政收入的重要意义，因此实施了积极进取的海洋政策，发展同海外国家的友好关系。

北宋在立国之初就对海外贸易采取了保护和"招诱奖进"的政策。太平兴国三年（978 年），宋太宗便在杭州首次设立两浙市舶司，淳化三年（992 年），又移置明州定海（今镇海），是为明州设市舶司之始。

北宋主要的贸易对象依然是日本和高丽。此外，与东南亚、西亚诸国也有贸易往来。

由于日本当时采取锁国政策，因此，往来于中日之间的几乎全是中国商船。这些商船绝大多数是从明州港出发赴日的。

北宋时期，有明确史料记载的宋商赴日本贸易达七十次，这其中有很多是明州商人。据日本木宫泰彦先生考证，明州商人孙忠、朱仁聪等十七人先后多次往返于明州与日本之间。其中明州人孙忠在熙宁五年（1072年）到元丰五年（1082年）的十年时间里，先后六次来往于明州与日本。其中熙宁六年（1073年）抵日以后，侨居日本经商五年，到元丰元年（1078年）才回到明州。台州商人周文裔、泉州商人李充、福州商人陈文佑等，也以明州为根据地与日本开展频繁的贸易往来。

最初，日本政府按照唐代旧例，在鸿胪馆安置宋商，供给衣粮。后因来船太多，不胜负担，便不再设馆接待，并规定每个宋商到日本贸易必须间隔两年。但很少有商人遵循，他们往往以"遇风漂至"等为借口提前来日贸易。

在与高丽的关系上，熙宁七年（1074年）以后，由于北路被辽国所阻，应高丽使臣要求，北宋政府改明州为高丽使者登陆口。自此开始，明州成为北宋政府对高丽贸易的重要港口。

从1021年至1192年，宋海商往高丽贸易共117次，其中能确知人数的有77次，共计4548人次。此时，明州商人去高丽贸易的规模更加庞大，往往动辄百人以上。史料记载，宝元元年（1038年），明州商人陈亮和台州商人陈维绩等147人去高丽经营贸易。

到了12世纪中叶，更是达到前所未有的高潮。"古与高丽贸易，明州之商十八九"，可见在宋丽贸易中明州商人的活跃程度。

为了贸易便利，很多宋商长久居留在高丽。据《宋史》记载，高丽"王城有华人数百，多闽人，因贾舶至者，密试其所能，诱以禄仕，或强留之终身"。高丽政府为了留住其中能力强的宋商，甚至不惜以高官厚禄为诱饵，这其中也有一些明州商人。

1055年2月寒食日，高丽政府"飨宋叶德宠等八十七人于娱宾馆，黄拯等一百五人于迎宾馆，黄助等四十八人于清河馆"，一次就招待了200多名宋商。

其时，宋朝与高丽的正式外交关系已经中断，但大批的宋商依然涌到高丽进行贸易。高丽政府不但允许这些商人居留，而且以国家的名义设宴招待，甚至封以官职。可见宋商对高丽贸易的重要性。

宋商向高丽输出的商品，除了传统的绫绢、锦罗、白绢、瓷器、茶、书籍等外，还有香药、沉香、犀角、象牙等南亚、西亚的特产。这是因为，当时宋朝与这些地区之间的贸易频繁，大食、三佛齐等国的大批商人经常往来于广州、泉州、明州等地，运来了大量的特色商品。宋商再把它们转运到高丽出售，从事中转贸易。

高丽对宋输出的商品有金、银、铜、人参、茯苓、松子、毛皮、马匹、折扇、白纸、毛笔、墨等。其中折扇深受宋朝文人钟爱，成为一时雅物。徐兢曾说："白折扇……藏于怀袖之间，其用甚便。"苏轼曾赞许：高丽白松扇"展之广尺余，合之止两指"。折扇自高丽传入中国，首经之地便是明州。宁波自古以来有制扇配扇的传统，应该与高丽不无关系。

南宋退据东南后，版图缩小，财政困难，故尤重市舶收入，就如顾炎武所说"经费困乏，一切倚办海舶"。南宋政府制订了积极鼓励海外贸易的政策，对"招诱"有成绩的纲首、官员乃至外商，予以补官、迁转和财物奖励；反之，如果招商不力、经营不善，以致收入亏损、外商赔本的，市舶司官员则要受到降职处分。

海外贸易于是空前繁荣。而作为南宋最重要出口港的明州（庆元）港，由此确立了东方贸易大港的地位，海外商贸达到鼎盛。

当时，日本源氏政权一改前代锁国政策，鼓励海外贸易，宋商赴日更多。除了继续成为日本、高丽的重要贸易港，庆元港又与真里富（今柬埔寨）、占城（今越南）、婆罗（今印度尼西亚）、大食（今阿拉伯地区）等国有着贸易往来。也有明州商人与福建、广州商人一起,远赴东南亚从事贸易。

元时,在宁波设庆元市舶提举司,直隶中书省,海运户达一千余户。虽然元初曾实行过"官本船"制度,但元政府鼓励民间海外贸易,允许外商"往来互市,各从所欲",并要求各地市舶司"每岁招集舶商,于蕃邦博易珠翠、香货等物"。

当时在庆元(宁波)从事贸易活动者人数众多,故有"编邱半是商"之说。而转道庆元港出海贸易的商人更是不可胜数。据至正《四明续志》、宝庆《四明志》记载,元代庆元港进口的舶货种类多达 220 种,其产地包括东北亚、东南亚、南亚、西亚和非洲等众多国家和地区,比南宋明州港入口舶货增加了至少五十种。

但与高丽的贸易逐渐走到了尽头。由于担心高丽与南宋相互勾结,元世祖一度限制宋商与高丽的往来,并通牒高丽予以压制。在元朝强大的军事压力之下,高丽不得不臣服。于是,政治再次压倒贸易,庆元与高丽的商贸往来,最终画上了句号。

从历史的角度看,与以"中华礼治"体制为核心的官方宗藩交往相比,民间贸易更具海权开拓的积极意义,也更能体现开放开拓的海洋精神。这或许就是宁波日后发展出鼎鼎有名的宁波商帮的原因。

从"明州商帮"到近代宁波帮,再到现代宁波帮,自古及今,宁波商人的足迹遍及五湖四海,靠的正是开放的海洋精神。

勇立潮头、敢为天下先,宁波帮的这种品格从一千多年前一直延续至今,已经融入宁波人的血液中。

德国地质学家里希霍芬 130 年前在对中国进行了七次考察后惊奇地发现,宁波人是特殊的种类。他说,宁波人在开拓大事业方面表现优秀,尤其是宁波商人,完全可以与犹太人媲美。

孙中山先生1916年视察宁波时说:"宁波人对于工商业之经营,经验丰富,凡吾国各埠,莫不有甬人事业,即欧洲各国,亦多甬人足迹,其能力与影响之大,固可首屈一指也。"他称赞"宁波风气之开在各省之先"。

对于农耕文明深深扎根于传统基因的中国社会而言,明州的商业气质无疑具有标本意义。

[三] 万斛神舟

当远古第一片竹筏漂过江面,人类便有了真正意义上的生存自由。

在与大自然博弈的漫长历史中,船的发明的意义几乎可以等同于火的出现。因为有了船,才真正激起我们祖先征服海洋的冲动;因为有了船,整个世界才真正属于人类。船的发明,显示了人类走向海洋的无畏勇气和非凡智慧。

当我们的祖先驾着简陋的独木舟冲进无涯的海洋时,船上装载的不仅是生的渴望,更有人类共同的征服世界的梦想。

而对于世界许多地方的人们来说,文明其实是用船输送而来的。

如果我们把目光投向世界文明进程的长河,在帆樯林立的洋面上,我们会发现明州海舶那雄伟的帆影。

天下船场

明州的航海史,早在河姆渡时期就开始了。

1973年,在距今七千年的余姚河姆渡遗址中,发现了六支木桨。木桨用整块木板制成,细长扁平,仿佛柳叶,柄上刻有几何花纹。木桨附近还有一具夹炭黑陶质的独木舟模型。《周易》上说:"刳木为舟,剡木为楫,致远以利天下。"河姆渡遗址的这一发现为此作了印证。

明州航海的最古记录始于公元前10世纪。《逸周书》称:"成王时,于越献舟。"于越,今绍兴、宁波一带。以舟为贡品,献与天子,想必其舟必精;此舟泛东海,渡黄海,入黄河,穿渭水,抵达周都镐京,可见航海技术之高。近人张道渊考证,"于越所献之舟乃是构造较常舟完备伟大之海船也。其船当造于宁波市或其附近之江岸,盖呈献时便于下水出海也。"

《慎子·逸文》记载:"行海者坐而至越,有舟故也。"可见西周时期,明州所在的吴越之地即为制船之所。《越绝书》曰:"越人谓船为须虑。"至春秋战国,越地已能制造多种船只。

因此,有专家认为,宁波是中国造船和航海的重要发轫地。

宁波位于东海之滨,地处中国大陆海岸线中段,又是长江和南洋、北洋干线的水运交叉点,造船、航海的地理位置优势得天独厚。

隋唐时,随着大运河的开通,造船业更趋发达,技术大为发展,船只的稳定性与航海性能有了极大的提高。

唐太宗时,为了征讨高句丽,经常敕令越州等地建造海船,以作海上远征之用。贞观二十二年(648年),唐太宗"敕越州都督府及婺、洪等州造海船及双舫千一百艘"。一次性造船数量多达上千,可见唐朝制造海船的能力。据记载,最迟在大中元年(847年),明州已设有官办造船场。

官营之外,随着海上丝绸之路的形成,民营造船业也飞速发展。明州唐商张支信、李邻德、李延孝等本身即为出色的造船师和航海家,他们不仅驾驶着大海舶频繁往来于明州与日本之间,而且以日本值嘉岛为基地,为日本人打造技术先进的大海船。可以说,在当时,明州的造船技术已经领先于世界。

宋朝,是中国造船业和航海业取得巨大进步的时期。正是在这一时期,中国的造船无论数量还是技术,均一跃成为世界之最。至迟在12世纪末,中国已经取代横行大洋几百年的波斯,确立了在全球的海上优势。

明州是南宋三大港口之一,是中、日、韩的交通枢纽港,海外贸易兴盛,文化交流繁荣,这其中造船业起到了关键的作用。

当时,明州三江口一带设有两处官营造船场。一处位于姚江南岸,渔浦门海运码头旁,主要以建造内河漕运船和小型战船为主,此地因而被称为战船街。

姚江南岸官营造船场设有造船监官厅事和指挥营。关于姚

图① 招宝山下镇海口

江南岸船场，《四明谈助》有一则记载：

徽宗时，姚江南岸船场监官晁说之，每天以读书写作为乐。有一天，部使者来明州，问晁造船的事，"诟责甚峻"。晁从容对曰："船得木乃成，木非钱不可致，今无钱致木，则无船适宜。"使者无言以对，"为发愧去"。其实资金缺乏只是借口，小船场不能让他充分发挥才干才是实情。

晁说之后被任命为招宝山船场监官，在招宝山船场四年，负责设计和监制了大量优质海船，其中最有名的就是两艘"万斛神舟"。

另一处船场设在市舶务与江厦码头之间，属当时明州市舶司，是市舶司直属的修造船厂，它的规模较姚江南岸的官营船场要小些，主要承接过往商舶的修船业务。

真正代表明州造船技术水平的，不是大量建造的内河漕运船，而是大海舶。明州建造大海船的地方不在狭窄的三江口，而在位于甬江入海口的镇海招宝山下。

当时，明州是朝廷指定打造专供出使的大海舶的定点造船场，一些大型海舶一般都放在明州制造。招宝山船场由此成为

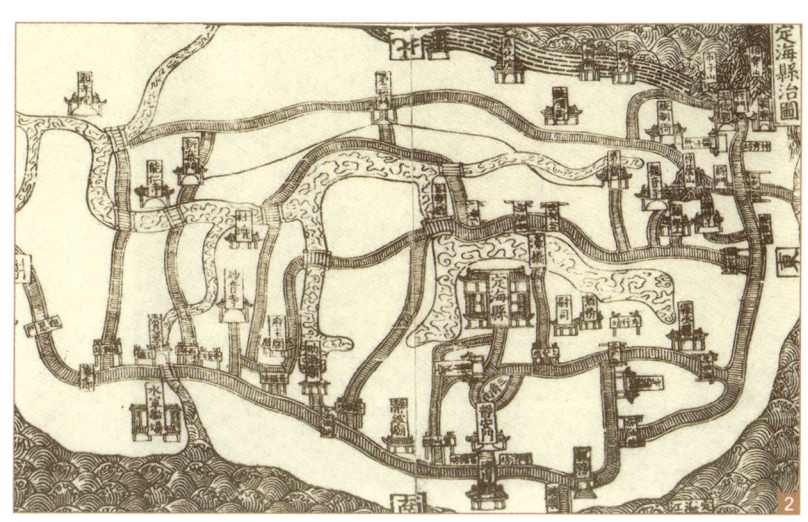

图② 宋时《定海县治图》

全国11处大型官营船场之一。

宋时《定海县治图》中,在招宝山附近注有水军船场,面积很大。专家认为,这里可能就是俗称的招宝山船场。

招宝山船场濒临甬江,船坞直通海口,新船建成后,采用滑道下水的方法把船送到海面上。船坞和滑道下水方法的运用,足见当时招宝山船场造船技术之先进。

从资料来看,北宋时明州的造船能力已经跃居全国首位。

宋代全国造船总数巨大,全国年造海船、江河舟船在3000艘以上,到至道末年更是达到3337艘。据记载,宋真宗(998年—1021年)时,全国官办船场每年造漕运船数额为2916艘,其中明、婺、温、台四州合造531艘,几乎占了全国总数的五分之一。

仅北宋天禧(1017年—1021年)末年,明州就造船177艘。至哲宗元祐五年(1090年),诏温州、明州岁造船以600艘为额,其数量位居同期全国官营造船场首位。

两宋时,明州民营造船业也相当活跃,数量十分可观。据宝祐五年(1257年)对宁波地区民船的统计,鄞县、定海(今镇海)、象山、奉化、慈溪和昌国县(今舟山市)共有民船7916只。

有一则故事可见明州造船业的发达。南宋建炎三年(1129

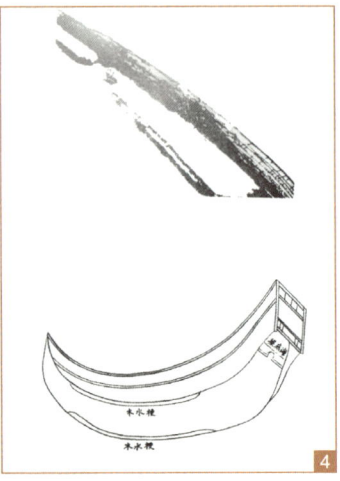

年)十一月,宋高宗被金兵追赶逃亡至明州,吕颐浩建议"乘还舟以避敌"。十天后,提领海船的张公裕说"已得千舟",高宗大喜,以为十天筹得千舟,乃是天助其逃。其实不是所谓天意,而是因为浙东沿海地区造船业发达而已。

宋时造船工艺已臻成熟,造船技术显著进步,出现了许多革新。这种革新主要体现在造船技术的三大发明:V形船型、水密舱及龙骨结构。

船型问题关系到航速与安全。当时明州打造的海船一直采用的船型是尖底船:底尖,船身扁阔,长宽比小,平面近椭圆形。这种V形船体的设计,是造船师根据长期的航海经验得出的最合理选择。V形船不但可增强船舶的稳定性与加舯扭矩,而且能减少水下阻力,遇到横风时,能使海船横向移动大幅减小。V形设计"贵其能破浪而行",适宜在风力强、潮流急的海域航行。

史料记载,明州曾打造 2000 斛尖底海船,"其面阔三丈,底阔三尺,利于破浪"。南宋孝宗初年,张浚的都督府下令"明、温各造平底海船十艘",立即遭到明州造船师的坚决反对,理由是"平底船不可入海"。

宋船的另一大技术革新是设置了水密隔舱。船体设密封隔舱,横舱壁由底部和两舷肋骨及甲板下的栋梁环圈,构成水密隔舱壁,让船舷与舱壁紧密结合,牢固地支撑着两舷,使船体结构更加稳固,增强了抗沉性和横向强度。

而所谓的舭龙骨技术,是在较大的船舱中两壁之间再添设一档龙骨,以增强船的强度。舭龙骨的装置,可以减轻船只在风浪中的左右摇摆,增加船的稳定性。宋朝这项造船技术的发明比国外早了六七百年。

1979年宁波宋代海运码头遗址发掘的宋代海船实物,证实了当时明州造船的这些技术特点。出土的宋代海船尖底,设有舭龙骨、水密舱装置,充分反映了当时明州海船建造技术的先进水平。

宋代海船还有一些有效的改进。比如,广泛使用多桅多帆技术,便于使用多面风,适航性好,航速最快能达到四节;底板和侧舷板都用三层大板,以大铁钉铆牢,结构坚固,抗风力强;船上备有小艇,遇到紧急情况可用于救生、抢险;行船中还有重锤测深探水设备。这些设计和装备都有利于在风急浪高时的远洋航行。

宋船还有一项关键的改革,就是对木锚的革新。宋船的木锚椗杆顶端两侧向斜后方伸出锚抓,椗杆靠近顶端处有一大圆孔,一根粗木杠横单平放在木椗上。抛锚时将横单穿过圆孔,这样横单就会与两个锚抓互相垂直,沉到海底必定有一侧的锚抓插入海底。船一移动,锚抓就会像铧犁一样越插越深,确保锚泊的船不会移动。

船舶航行时,横单从孔中拔出,便于放置在船上。宋船这种形制的锚比后来英国海军的类似发明整整早了几百年。

现在如果你到江厦公园去,还可以看到一个展览着的宋船木锚。这个木锚木椗长5.56米,宽2.1米,锚抓长1.95米,重200公斤,基本按照宋时原样复制。

除了普遍使用的木锚加碇石技术,宋船还开始使用铁锚。

《癸辛杂识续集》记载："其铁锚，大者重数百斤，尝有舟遇风下钉，而风怒甚，铁锚四爪皆折。"铁锚重量更重，比木锚更为坚固。不过，海上凶险，遇上风暴，再坚固的铁锚也无计可施。但从石、木，再到铁，可以清晰地看到船舶发展的进程。

宋代明州工匠不仅造船技术高超，而且装饰工艺精湛。徐兢《宣和奉使高丽图经》里说："每因朝廷遣使，先期委福建、两浙监司顾募客舟，复令明州装饰，略如神舟，具体而微。"宋廷每次遣使出国，总会募集随行的客舟，交由明州工匠，按照主船神舟的式样加以装饰，往往极为华美气派。

正是明州造船工匠的高超技艺，后来郑和下西洋时，专门大量调集宁波造船工匠，前往江苏帮助建造下洋船舶。当时的宁波船场也成为郑和舰队的建造基地之一。

从唐至宋，明州工匠所造的船穿梭于中国的江河湖海，航行于出使异邦的茫茫洋面，停泊于东亚各国的商埠港湾，由此看来，明州无愧"天下船场"之称。

神舟出使

明州造船的声望，因四艘"万斛神舟"的建造而达到了顶峰。

淳化三年（992年）四月，宋廷移杭州两浙路市舶司到明州定海（今镇海），定海一跃成为全国海关重镇。

宋神宗元丰元年（1078年），宋廷为接待高丽使者和进一步开展两国贸易往来，在定海兴建第一码头"利涉道头"，又修建了一座高丽宾馆"航济亭"，专供高丽使团住宿和赐宴之用。

同年三月，宋神宗命中书省敕旨明州府，在招宝山船场建造两艘大型"神舟"，准备首次出使高丽。这两艘神舟分别被赐号"凌虚致远安济"和"灵飞顺济"，令御书院书写后，急速派人送至明州，制造牌额，安排敕牒。

图⑤ 镇海利涉道头牌坊

神舟建成后,宋神宗特遣谏议大夫安焘、起居舍人陈睦等为全权出使官,携带大量贵重物资,自招宝山绝洋而去。神舟抵达高丽,高丽人从未见过如此庞大的船,纷纷"欢呼出迎"。

政和七年(1117年),宋徽宗听从楼异建议,把温州船场并迁至明州招宝山船场。并在招宝山下建造两艘神舟,以供经常性地迎送高丽使团之用。

宣和五年(1123年),宋和高丽间来往更加密切。虽然北方战争频繁,宋廷财政支出极为困难,但宋徽宗还是决定向高丽派出一支更为庞大的出使船队。他钦命明州建造两艘"万斛神舟",并改装六艘"客舟"。两艘"神舟"赐额"循流安逸通济神舟"和"鼎新利涉怀远康济神舟"。赐名"利涉",显然有纪念元丰元年建的镇海利涉第一码头之意。

两艘"万斛神舟"豪华壮丽,史无前例。当时最大的海船,据《梦粱录》记载,"大者五千料,可载五六百人",一料相当于一石,五千料约合三百吨,而"万斛神舟"据考达到了惊人的一千一百吨。其舟长在百米以上,科技含量极高,工艺水平精湛,是当时世界上最先进的船舶。徐兢在《宣和奉使高丽图经》中描述"万斛神舟":"巍如山岳,浮动波上,锦帆鹢首,屈服蛟螭。"极为宏伟华美。

全权特命大使给事中路允迪、中书舍人傅墨卿、奉议郎徐兢,统辖着这八艘"神舟"抵达高丽,在高丽国引起轰动,国人"倾城耸观","欢呼嘉叹"。

这次出访高丽的船队,一个变化是有了"客舟"相随。所谓"客舟",是使团中随行官员的座船,也被称为"神舟",但比正使所坐的"神舟"要小。据记载,客舟"长十余丈,深三丈,阔二丈五尺,可载二千斛粟","每舟篙师水手可六十人"。席龙飞教授认为,后世航行在海上的客船和客船队就是始于北宋明州的"客舟"。

史料记载,神舟内部有独特的水密舱构造,全舟分为前、中、后三个舱:前舱舱底作为炉灶与安放水柜之用;中舱分为四室;后舱高一丈余,四壁有窗户,"上施栏楯,采绘华焕而用帘幕增饰,使者官属各以阶序分居之。上有竹篷,平日积叠,遇雨则铺盖周密"。

神舟上平如衡,下侧如刃。船头两颊用碇石作锚,抛锚、起锚都利用滑轮,滑轮上缩藤索,其大如椽,长500尺。遇到风涛紧急时,还加抛"游碇";船尾有正舵,另设副舵,船上立竿用鸟羽测风向。

船舶两侧"缚大竹为橐拒浪",在船两舷缚两捆大竹,目的是增加行船在风浪中的稳定与安全;并以竹橐作为吃水线,"水不得过橐",以吃水线作为载重的保险安全线,具有高度的科学性。另外,使用多樯多帆,充分利用八面来风加快航速。

"万斛神舟"出使高丽,创造了史上最大出使船只的纪录,虽然回来时"八舟七溺",但出使无疑显示了大宋王朝的威望与实力。

作为主要使臣之一，奉议郎徐兢在其《宣和奉使高丽图经》对出访过程作了详细的记载：宣和五年五月三日，路允迪等出使官员，从汴京（开封）坐船到达明州。十三日，把赠送高丽的礼物装入神舟。十九日，在镇海利涉道头举行开航仪式。

朝廷先期已令中使武功大夫容彭年，在总持院建一新道场，做佛事七天七夜，以祈出使平安。另在"显仁助顺渊圣广德王祠（庙）"祀神，供奉皇帝送来的御香，众僧参拜如仪。

二十五日，八舟出镇海口放洋。六月十二日，船队到达高丽礼成港。

高丽国王令副使率领都辖、提辖官入神舟，以兵马甲仪仗队、旗帜仪物万计，列于岸边欢迎。观者不计其数，列如堵墙。都辖、提辖官手捧宋廷诏书，宋使依次上岸，迎入碧澜亭安顿下来。次日，宋使进入王城。

盘桓月余，七月十三日，宋使从高丽国宾馆顺天馆出发，起锚回国。不料，途中遭遇飓风袭击，舟船遇险，损失甚巨。

徐兢记载："痴风起，连日怒号不已，四周莫辨；黑风则飘怒不时，天色晦冥，不分昼夜；海动则彻底沸腾，如烈火煮汤。洋中遇此鲜有免者，是一浪送舟辄数十余里。如第二舟至黄水洋中，三柂并折，而臣适在其中，与同舟之人断发哀恳，后即祥光示现，然福州演屿神如上次显灵一样。故是日舟虽危，犹能易他柂。既易，复倾摇如故，过五昼夜，方达明州定海。"同去八舟，七艘葬身大海，只有一艘"万斛神舟"回到镇海招宝山。

自七月十三日离开高丽，到八月二十七日到达招宝山下，仅剩的这艘神舟在海上漂荡了四十多天。

此次飓风如此暴虐，以致徐兢事后回忆犹心有余悸。他写道，上岸后，"举舟臞悴，几无人色，其忧惧可料而知也"。

徐兢感慨道："航海之难，无法想象，以一叶之舟能回到祖

图⑥ 镇海仿造的万斛神舟

国,是宗社之福,当使波神效顺以济,不然则岂人力所能至哉?"他把这次能保全回来,归功于风暴中祈求海神,最后妈祖显灵挽救了他们。

因为妈祖显灵,终于有一艘"神舟"幸运地回到了明州,宋徽宗闻讯大悦,诏赐妈祖"顺济"庙额。这是妈祖有史以来的第一次封神。

近900年后,"万斛神舟"再现镇海利涉道头。这艘仿造的

"万斛神舟"长 40 米,宽 10 米,高 7.5 米,分为 5 层,总面积 544 平方米,从中可见当年"万斛神舟"之辉煌壮观。

指南针的应用

徐兢能最终回到明州,当然不是出于天后娘娘的援手。除了运气的因素,靠的主要还是"万斛神舟"先进的造船工艺和领先世界的航海技术。

宋代航海技术最大的创新,是指南针的应用。指南针的应用是航海技术的革命性进步,它象征着原始航海时代的终结和航海新时代的开启。

指南针的应用使导航不再受制于气候,因此,从某种意义上讲,只有在指南针应用于航海后,大海才不再是人类不可逾越的障碍。

宋以前的航海完全以星宿和地表目标定方位。到宋代,这些方法仍在沿用。徐兢在《宣和奉使高丽图经》中将当时航行经过的海域,区分为白水洋、黄水洋、黑水洋,就是根据海洋深浅的不同,吸收太阳光线不一,加上泥沙含量不同,从而出现海水颜色的差异,来区分、辨别不同的海域。

当时航海家还依靠沿海的地貌、建筑导航。如镇海的招宝山历来就是一个导航陆标。《宣和奉使高丽图经》云:"鄞江穷处,一山巍然出于海中,上有小浮屠。旧传,海舶望是山,则其为定海也,故以招宝名之。自此方谓之出海口。"明州城内的天封塔最初也兼具明州港导航标志的功能。

为便于了解海下情况,北宋时还广泛使用重锤测深法,以避免船舶搁浅触礁。《宣和奉使高丽图经》记载:"舟人入海以过沙尾为难,当数用铅锤测其深浅,不可不谨也。"

又记载:"海行不畏深,惟惧浅搁,以舟底不平,若潮落,则

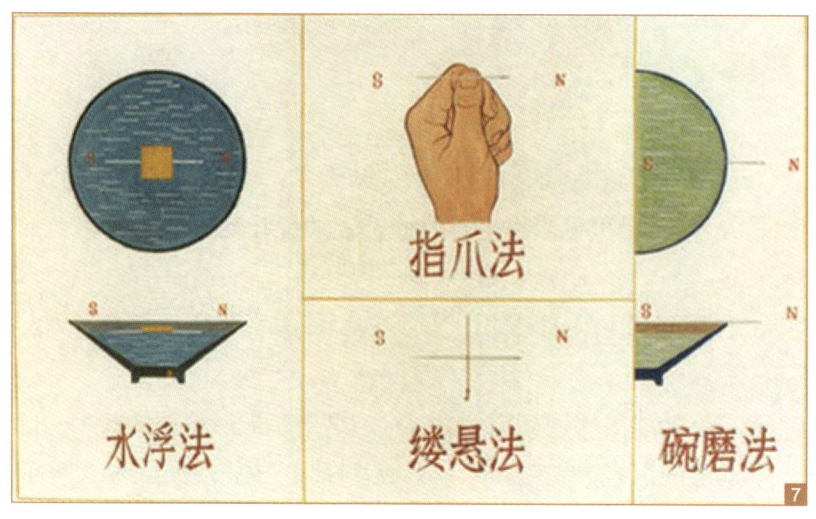

倾覆不可救。故常以绳垂铅锤以试之。"这种重锤测深法不仅在我国使用，而且也长期为世界各国所采用，直到20世纪声呐发明和推广，才退出历史舞台。

约11世纪下半叶，指南针开始成为航海的导航仪器。

北宋科学家沈括在《梦溪笔谈》中留下了历史上对指南针的最早记载。在书中，沈括记录了指南针的四种使用方法。第一种是"水浮法"，将磁针穿几根灯芯草浮在水面，以指示方向。第二种是"碗磨法"，将磁针搁在碗口边缘，旋转磁针以指示方向。第三种是"指爪法"，把磁针搁在指甲上面，旋转磁针以定方向。第四种是"缕悬法"，也即"悬挂法"，在磁针中部涂一些蜡，粘一根蚕丝，挂在没有风的地方，以此辨别方向。

沈括对四种方法做了比较，最后得出：水浮法的最大缺点是，水面容易晃动，影响测量结果；碗磨法和指爪法，由于摩擦力小，转动灵活，但容易掉落。沈括比较推崇的是缕悬法，因为丝是从新茧中取出的独缕，弹性和韧性较好，不会发生扭转；用芥子大的蜡把单线和磁针粘缀起来，可以避免扭结，因此，是比较理想而又切实可行的方法。

事实上，沈括记述的四种方法，已经归纳了迄今为止指南针装置的两大体系——水针和旱针。

图⑦ 《梦溪笔谈》四种指南法示意图

指南针用于航海，最早记载的文献是宋代笔记《萍洲可谈》。《萍洲可谈》中记载："舟师识地理，夜则观星，昼则观日，阴晦则观指南针。"说明当时指南针已在航海中应用，但只在见不到日月星辰、天色昏暗的时候才使用。

二十几年后，徐兢出使高丽时，天文定向仍是天气良好时的主要导航手段，而指南针则是坏天气时的主要导航手段。因而《宣和奉使高丽图经》这样记载："是夜，洋中不可住，惟视星斗前迈，若晦冥则用指南浮针，以揆南北。"

徐兢所言的"指南浮针"，说明"万斛神舟"采用的是水浮法指南针。一般，船头、船尾各放一具，天阴、天雨时就靠着这种指南水针辨别方向。

南宋时，指南针在航海中的使用更加熟练和普遍。海船中还设置了专门管理指南针的人员，称为"火长"。理宗宝庆元年（1225年），赵汝适写的《诸蕃志》谈到他从泉州去海南岛，"舟舶往来，惟以指南针为则。昼夜守视惟谨，毫厘之差，生死系矣"。可知那时对指南针的使用极为重视和依赖。

从南宋起，海船开始使用罗盘定向。导航罗盘可以全天候使用，而且准确度更高。南宋吴自牧《梦粱录》记载："风雨冥晦时，惟凭针盘而行，乃火长掌之，毫厘不敢差误，盖一舟人命所系也。"针盘，即罗盘指南针。

到了元代，指南针一跃成为海上导航的最重要仪器。不论昼夜阴晴都使用罗盘指南针导航。罗盘的方位盘仍是二十四向，盘式由方形演变成圆形。这样一来，只要一看磁针在方位盘上的位置，就能断定航行方位。

明嘉靖年间，旱罗盘出现。旱罗盘和水罗盘的区别在于旱罗盘的磁针是以钉子支在磁针的重心处，使支点的摩擦阻力减到最小，磁针可以自由转动。显然，旱罗盘比水罗盘有更大的优越性，更适用于航海。

中国使用指南针导航不久,就为阿拉伯的海船采纳,并经阿拉伯人传到欧洲。指南针的发明与西传,为1492年哥伦布发现新大陆创造了前提条件。恩格斯在《自然辩证法》中指出,"磁针从阿拉伯人传至欧洲人手中在1180年左右"。1180年是我国南宋孝宗淳熙七年,离明州造"万斛神舟"使用指南针,已经过去了57年。

【四】

青瓷传奇

西方人对中国的最早印象，主要源于三种独具东方特色的物品：丝绸、茶叶和瓷器。

在中国古代对外文化交流中，陶瓷与丝绸一样，也是连接东西方文化交流的纽带。从某种意义上说，瓷器的影响甚至要超出丝绸和茶叶，这一点从西方人对"China（中国）"的称谓可以看出。正是由于中国古代陶瓷对西方生活的深刻影响，使得"瓷器"成为中国的代名词。

与丝绸不同的是，陶瓷沉重、易碎，对于以畜力运输为主的古代陆路贸易而言，大规模、长途转运陶瓷器皿，有着许多无法克服的困难，而海上交通的发展使陶瓷的大规模出口成为可能。

明州是唐宋以来重要的贸易港口和瓷器的发祥地之一。一千多年前，明州生产的越窑青瓷源源不断地输往大江南北，开辟了从明州通向海外的著名的"海上陶瓷之路"，书写了中华文明辉煌的一页。

瓷都记忆

70多年前，在慈溪上林湖畔的荒山荆莽之中，时常会出现一个清瘦的身影，他独自一人埋首荒野，苦苦寻觅着什么。这位个子不高、面庞瘦削的书生，就是故宫博物院的陶瓷专家陈万里先生。他来上林湖，是要揭开蒙尘千年的一段瓷器的传说。

中国瓷器的发源地在何处？传说中的"秘色瓷"又在哪里诞生？当人们还普遍停留在纸上谈兵的时候，30岁的陈万里迈出了中国田野考古的第一步。踏破铁鞋的工夫没有白费，经过反复的调查、对比、走访，陈万里终于初步揭开了上林湖作为"唐宋瓷都"的神秘面纱。

一个时代过去了，考古界已经形成一致的看法：慈溪上林

图① 唐代明州海上陶瓷之路示意图

湖一带,是越窑青瓷的主要发源地之一,唐宋"秘色瓷"的中心产地,"海上陶瓷之路"的重要起点。

在苍翠的栲栳山麓,环上林湖及周边的杜湖、白洋湖、古银锭湖,方圆数十公里,密布着自汉至宋的190多处古窑址遗迹。破碎的瓷片和废弃的窑具散落荒野,堆成了山岭。在野草的掩映与湖水的冲刷下,这些碎片无言地诉说着昔日的辉煌与传奇。

早在1800年前,上林湖一带已是窑场密集、作坊林立,沿湖几十公里,有龙窑上百座。每至天黑,环湖窑火荧荧,人影攒动,煞是壮观。因古代上林湖地属越州,故名越窑。就是在这些越窑的龙窑里,中国最早的成熟瓷器——青瓷诞生了。越窑青瓷也因此有了"母亲瓷"的美名。

创烧于东汉的越窑青瓷,历经三国、西晋的发展和晚唐、五代的全盛,至北宋中期趋于衰落,终于在北宋末年、南宋初年停烧,持续时间长达1000多年。在中国各大著名窑系中,越窑青瓷是持续时间最长、影响范围最广的窑系。

历史上,先后有三大越窑青瓷生产中心:一是上虞曹娥江中游地区,二是慈溪上林湖一带,三是鄞县东钱湖地区。三大中

心,以慈溪上林湖为最盛。从遗址的情况看,上林湖越窑遗址堆积丰富,规模宏大,时间跨度大,因而被称为"露天青瓷博物馆"。迄今已经发现的7处东汉晚期至三国时期的窑址表明,早在东汉时,上林湖就已成功烧制出大型的罐、坛等日用青瓷器皿。瓷器纹饰简古,造型淳朴,制作技术已经相当成熟。

到了晚唐、五代,延至北宋初,上林湖越窑青瓷生产进入鼎盛时期,仅窑场就有150多处,就其烧造规模之大、产品质量之精、影响之广而言,上林湖窑场均凌驾于各窑之上,成为全国六大青瓷名窑之首。贡窑、官窑的设立,使上林湖越窑青瓷地位空前提高,制瓷技术达到炉火纯青的地步。尤其是精妙绝伦的"秘色瓷"的诞生,更是使越窑青瓷与金银、宝器、丝绸、珍品并列,跻身于皇室宫廷生活,并与邢窑白瓷形成"南青北白"的格局。明治时期的日本人石川鸿斋曾作诗赞颂"上林之窑盛天下",对唐宋之际上林湖越窑之盛叹为观止。

上林湖越窑成为中国瓷器的发祥地,并不是偶然的。首先,这里蕴藏着大量的优质瓷土资源;其次,这里山峦起伏、森林密布,有丰富的烧瓷燃料;还有,上林湖地处杭州湾南岸,临近唐代国际贸易港——明州港,水陆交通相当便利。

图② 上林湖全景

图③ 文明的碎片——上林湖越窑遗址

　　大量制作精致、造型优美的青瓷精品从上林湖越窑被烧制出来，源源不断地输送到海内外各地，深入到社会生活的各个角落。

　　据有关志书记载，从唐中后期始，瓷器作为贸易瓷，同丝织品一样，成为明州港输出的主要商品，远销亚洲及非洲近20个国家和地区。以上林湖为起点，一条由明州通向海外的著名的

"海上陶瓷之路"开始形成。

这条"陶瓷之路"北达朝鲜,东至日本;南经广州,通向越南、泰国、菲律宾、印度尼西亚等东南亚诸国和印度、巴基斯坦等南亚国家,远至伊朗、埃及等波斯湾、地中海沿岸国家。近半个世纪以来,朝鲜、日本及印度、伊朗、埃及等国古港口、古城堡遗址,屡屡出土上林湖产的青瓷遗物,印证了当年"海上陶瓷之路"的繁盛。

从20世纪初开始,考古工作者在埃及开罗以南的福斯塔特,发掘出了约12000片中国唐代至明代前期的陶瓷碎片,其中尤以越窑青瓷数量最多,品种有玉璧底碗、圈足碗、壶、罐、平底小盏、盒等,足见唐朝的瓷器当时已经深入到了埃及人日常生活的各个方面。

光彩夺目、如冰似玉的上林湖越窑青瓷,通过"海上陶瓷之路"传播到亚、非、欧许多国家,除被用作日常生活用品外,还被这些国家的人民视为圣物,大量用作宗教器具、建筑装饰、身份标志、馈赠礼品,使中国陶瓷文化深深地融入当地传统文化之中,成为各地文化风俗的有机组成部分。

精美的越窑瓷器受到世界许多国家人们的如此青睐,以致越窑青瓷一度取代丝绸,成为中国海外贸易中最大宗物品。与此同时,为满足日益旺盛的消费需求,高丽、日本等国开始仿制越窑青瓷。中华民族璀璨的青瓷文化,就这样成为各地文明发展的滋养品,被消化吸收。世界陶瓷文明从此翻开新的篇章。

秘色传奇

青瓷之美,在于釉色。青色,是中国瓷器的原始色和基本色。

自古陶重青品。在瓷器诞生后的前400年,青色是瓷器最基本的颜色,直至北齐白瓷出现。此后陶瓷虽具诸色,仍脱不了

图④ 菲律宾出土的唐宋越窑青瓷

图⑤ 埃及福斯塔特遗址出土的唐宋越窑青瓷

青的底色。宋代五大名窑,除定窑外,汝、官、哥、钧其实都可归为青瓷。

青色是生命力的表现,青瓷的生命力,从萌芽到结果都是在青色中完成的。

青瓷之釉,青翠莹润,如冰似玉,如雨过天晴的天空,如一泓莹碧的湖水,仿佛萦纡不绝的春日梦幻,令人迷恋如痴。这样的翠色,融和着万山千峰之色、天地自然之魂,凝结着古代窑匠天人合一的洞察与感悟。

陆龟蒙"九秋风露越窑开,夺得千峰翠色来",徐夤"巧剜明月染春水,轻施薄冰盛绿云",青瓷的翠色又化为文人的诗魂。

青瓷之釉,至"秘色瓷"达到巅峰,变成传奇。

"秘色"一词,最早见于唐代诗人陆龟蒙的诗《秘色越器》。宋明迄今,学者们对"秘色"一词的确切含义聚讼不已。据宋人赵德麟记载:"今之秘色瓷器,世言钱氏有国越州烧进,为贡奉之物,臣庶不得用,故云秘色。""秘色瓷"为五代吴越国王钱镠专烧贡奉朝廷用的越窑青瓷,庶民百姓不得使用,其釉药配方、制作工艺均保密。

清人说:"其色似越器,而清亮过之。"足见"秘色瓷"釉色晶莹透绿,胜过一般越窑青瓷。据说,凡是有幸见到"秘色瓷"的人,

无不为它的精美绝伦所倾倒。

　　作为越窑青瓷的上乘之作，"秘色瓷"在晚唐、五代是贡奉朝廷的贡品，应是确切无疑的。晚唐诗人徐夤《贡余秘色茶盏》中"陶成先得贡吾君"的诗句，便是对"秘色瓷"产品性质的最好注脚。

　　但"五大名窑无秘色"，宋明之后，"秘色瓷"神秘消失。千百年来，再也没有人亲眼见过"秘色瓷"。人们只能在古人零

图⑥ 越窑青瓷荷叶盏托
图⑦ 越窑青瓷人物堆塑罐
图⑧ 越窑青瓷镂空缠枝纹熏炉
图⑨ 越窑青瓷莲花碗

星的诗赋中,想象它的神奇美妙。

"秘色瓷"究竟存不存在?它是什么样的?半个世纪以来,学界争论不休,世人苦苦寻觅。

旷世秘密,终于在一座寺塔倒塌后大白于天下。

1981年秋季,连绵不断的阴雨天气已经持续了数周,这在一向干旱少雨的陕西是极少见的。在陕西扶风,有着1700年历史的法门寺内,方丈正在安排弟子修葺破损的院墙。忽然间,一声巨响,寺内传说中供奉着佛祖释迦牟尼指骨舍利的宝塔轰然倒塌了半边。

6年后,考古人员在对法门寺宝塔地宫进行发掘时,在一个小角落里发现了一个用丝绸包裹着的木质圆盘。打开一看,是一叠细腻精致的青瓷。青瓷一共13件,造型玲珑剔透、细腻华美,釉色如湖水般清澈温润,虽尘封千年仍莹润如新。

联系地宫内石刻"衣物帐"碑文记载,唐懿宗所赐物品有"瓷秘色碗七口,内二银棱;瓷秘色盘子、碟子共六枚",这13件青瓷难道就是传说中的"秘色瓷"?

通过对烧制工艺和特殊支烧方式的反复比较,专家确认这批青瓷来自浙江上林湖越窑遗址。稍后发现的一只八棱净水瓶,更成了破解谜团的铁证——在千里之外的上林湖越窑遗址,也曾发现过一模一样的八棱瓶。

至此,"秘色瓷"的轮廓渐渐清晰:传说中的"秘色瓷"确实存在过,陕西法门寺地宫内的瓷碗、瓷盘和八棱净水瓶就是确凿的实物证据。而这种瓷器的产地,就在浙江上林湖越窑。

迷雾缭绕的"秘色瓷"身世之谜终于解开!

那么,"秘色瓷"之秘究竟在哪里?根据考古考察,结合现代技术分析,一般认为有原料和工艺两方面。

根据分析,烧制"秘色瓷"的瓷土出自浙东当地,是一种石英、高岭土、绢云母类型的混合型矿物。它含铁量高,可塑性强,

耐火程度高，结合性能好，是当时历史条件下制作越窑青瓷的最好材料。

而"秘色瓷"的釉料也是就地取材，其 Fe_2O_3（三氧化二铁）、TiO_2（二氧化钛）的含量较一般越窑青瓷为高。一种理解是，"秘色瓷"的胎泥、釉料均经过极为严格的筛洗，使用前需反复夯砸、淘洗，历经"九秋风露"，以致其化学成分已发生了一定程度的变化。

釉色不但与釉料的化学成分有关，而且与窑炉中烧成气氛密切相关。

中唐晚期以前，承早期越窑采用明火叠烧工艺。虽然到初唐对窑炉结构进行了改善，提高了窑内温度，但除一部分还原焰较好的器物呈青色外，很大一部分由弱还原焰或氧化焰烧成，呈色青中泛黄。

唐晚期、五代时期，越窑青瓷在胎釉配方、窑具和烧制方面均有重大改进，制瓷工艺显著提高，青瓷胎质更加细腻致密，釉质腴润如玉。

特别是元朝匣钵装烧工艺的创制和使用，使越窑青瓷的质量上了一个历史性的新台阶，带来了瓷器装烧工艺的一场革命。

图⑩ 八棱净水瓶

匣烧，就是将瓷器坯体盛于匣钵之中，与火分离。匣烧工艺带动越瓷产品质量的飞跃，体现在三个明显的改善：一是有效地保证了瓷器烧成时的还原气氛；二是消除了早期越窑出现的器内支烧印痕，使器内光洁美观；三是使产品器形端正，坯胎减薄，釉色青翠晶莹。

在上林湖越窑遗址中，考古人员还发现一种特殊的匣钵釉封技术，就是坯在装入匣钵入窑时，还用釉料将匣钵口部密封起来。有专家认为，这可能是"秘色瓷"特有的装烧工艺。

越窑青瓷莹润剔透的釉质，青绿略带闪黄的色彩能完美地烘托出茶汤的绿色，使越瓯作为茶具，深得文人雅士的钟爱，在唐代风靡一时。陆羽《茶经》曰："碗，越州上……或者以邢州处越州上，殊不为然。若邢瓷类银，越瓷类玉，邢不如越一也；若邢瓷类雪，则越瓷类冰，邢不如越二也；邢瓷白而茶色丹，越瓷青而茶色绿，邢不如越三也。"对越瓯推崇备至。施肩吾"越碗初盛蜀茗新"，许浑"越瓯秋水澄"，郑谷"茶新换越瓯"……这些诗句，令千载之后的我们犹能想见唐人引瓯吟哦的风雅生活。

唯美回归

至公元 2000 年，越窑已经沉寂了近千年。

从晚唐至北宋初，上林湖的窑工、匠师不断探索、创新，终使越窑青瓷达到巅峰，成为中国青瓷的杰出代表。

一个窑场能够千年不衰，保持制瓷工艺领先地位并产生广泛的影响达两个世纪之久，这是一个罕见的传奇。

然而，风流终被雨打风吹去。自北宋中期开始，上林湖窑场逐渐衰落，至北宋末年停烧。

废弃的窑场历经风雨，荆莽丛生，曾经的繁华陨落在苍茫的岁月之中，以致好古的乾隆皇帝感叹"李唐越器人间无"。

历史又开启新的千年，公元2001年，沉睡了近千年后，越窑的窑火再度在青瓷的故乡上林湖畔熊熊燃起。

2001年8月，慈溪市从福建龙泉引进7名制瓷工艺师，筹建越窑青瓷公司，全面恢复越窑青瓷生产。

在过去的近一个世纪以来，也有人多方择土仿制越窑青瓷，终因土质不佳或烧制工艺不到位而失败。以孙迈华为首的团队，经过几个月的瓷土采集、瓷釉配方实验，对瓷土和制坯、烧造等工艺进行了细致的研究，解决了一个又一个的工艺难题，历经几十次的失败，终于在当年的12月，成功试烧出崭新的越窑青瓷。薪火相传，逝去的越窑文明终于回归。

在新的历史时代，上林湖越窑续写着千年的传奇。

2002年10月，恢复生产不到一年，公司的两件越窑青瓷作品就在杭州西湖博览会上一获金奖，一获优秀奖。同年12月，在四年一届的全国陶瓷创新设计评比中，公司出品的"秋声赋"灰釉跳刀大盘和"忆"灰釉组合茶具又分获二等奖和优秀奖。

对于一个仅仅试烧一年的越窑青瓷公司来说，这实在是一种奇迹了。

越窑青瓷恢复生产的成功，一是得益于对上林湖越窑青瓷传统工艺的整理、研究与传承，尤其是对"秘色瓷"生产工艺的研究；二是得力于对越窑青瓷工艺的创新开拓。

在烧制工艺上，越窑青瓷公司作了大胆的改良。他们采用液化气燃料，窑温控制在1300℃左右，这样的温度烧出来的青瓷，成品率比原来用木柴烧制高出许多，瓷器表面硬度几与钻石相近。

依托上林湖越窑青瓷研究所，目前越窑青瓷公司已仿制出鸡首壶、瓷罐、八棱净水瓶、青瓷洗、葵花盘、人物水注，以及越碗、笔筒、香炉等青瓷产品400余种。

这些制品胎质细腻匀薄，胎体轻巧；釉色以淡青为主，釉层

图⑪ 大型瓯乐《上林瓷风》

薄而透明,色彩明亮、纯净素雅;图案简洁生动,纹饰清秀雅致,其色彩、造型已接近古代越窑青瓷。

成功烧制日用品的同时,越窑青瓷公司还研制试烧出越瓯、仿编钟等青瓷瓯乐乐器。

青瓷瓯乐,是用青瓷乐器或敲击青瓷器皿演奏音乐的一种器乐形式。击瓯源于击缶,早在几千年前就已产生。唐后期击瓯奏乐十分流行,文人墨客们在酒毕茶罢之余,把箸击瓯,赋诗唱吟,畅抒情思。"为我引杯添酒饮,与君把箸击盘歌","随风摇曳有余韵,测水浅深多泛声",一般来说,能用于奏乐的瓷瓯必定胎质坚密,方能嘤嘤成韵。

1998年,上林湖寺龙口窑址一批唐宋青瓷乐器的出土,为上林青瓷瓯乐提供了实物证据。

由于历史的变迁,特别是越窑的衰落和民间音乐口传身授的局限,南宋以后越窑青瓷瓯乐流失民间,沉寂无闻。

越窑青瓷生产的复兴,为青瓷瓯乐的传承带来了有利的契机。2001年11月,慈溪市民族乐团成立越窑青瓷瓯乐课题组;

2009年3月，在民族乐团的基础上成立慈溪市青瓷瓯乐艺术团。濒临消亡的瓯乐从此奏响新的乐章。

几年来，慈溪市民族乐团与越窑青瓷研究所密切合作，已仿制出可用于演奏的越鼓、越杯、越铃、越钟、瓷瓯、瓷鼓、瓷埙、鸟哨等，形成了越瓯、编钟、瓷鼓及吹奏瓷乐器四个系列二十多个品种的青瓷乐器。

《九秋风露越窑开》《上林追忆》《越·瓷风》《月下笛》《上林瓷风》……一系列获得全国群星大奖和国际艺术大赛金奖的青瓷瓯乐作品的成功创作，使越窑青瓷瓯乐这种中国瓷乐中最古老、最有代表性和最具地方特色的民间器乐表演形式，在失传千年之后，终于获得了新生。

历经水与火的洗礼，曾经的记忆正在化为今日的传奇。如今，上林湖越窑遗址已被列为全国重点文保单位，成功入选中国申报世界文化遗产预备名单；越窑青瓷烧制技艺列入国家级非物质文化遗产名录；"上林湖"越窑青瓷商标获得"原产地标志"保护。

烧制了一千年，消逝了一千年，在千年的辉煌与千年的落寞之后，越窑青瓷再次回归，重放光彩。

【五】

名城的背影

一千多年前,宁波已是一个名副其实的国际都会城市。

就在明州城的三江口,满载唐绫宋瓷的商船由此离港出海,肩负文化交流使命的高僧、学者在此整装待发;遣唐使、遣明使解缆登陆,商船蕃舶、奇珍异品纷至沓来……

唐宋以来,三江口贾舶交至、帆樯林立,蕃商云集、五方杂厝。在港口与运河之间,朝贡的、贸易的、求佛的、问学的,日本人、高丽人、波斯人、暹罗人,各路蕃客来往如梭,明州城的大街小巷回响着来自八方的奇特口音。

明州城以自己包容天下的开放胸怀,书写了千年的辉煌。

而今,历史的烟云散去,徜徉繁华的都市,三江口的喧闹已然平息,帆樯已然消失,红砖绿瓦间历史的印迹日渐模糊。也许只有在街巷的深处,高楼的角落,不期然会邂逅那段历史。虽然只是一块碑,虽然只有一块匾,但依然顽强地诉说着过往的故事,那些可能再也无人关心的故事。

不过,还是让我说说波斯巷和高丽馆的故事吧,因为或许还能从中依稀瞥见明州城那古老的背影。

波斯巷

月湖西畔,过虹桥头至后营巷,在一片拆迁过后狼藉的瓦砾堆中,坐西朝东,坐落着一座长方形的清真寺,这就是宁波古清真寺,它曾是浙东地区唯一的伊斯兰教寺院。

清真寺青砖拱形门,门额有砖雕"清真寺"三字,楼上为"望月楼"。进门为天井,左为清代石栅栏门;进门又一天井,东为照壁,西为五开间单檐硬山顶平屋,中间两门,门额上方为石雕"古清真寺"。

穿过月亮门,有直廊进入内院,直廊两头各悬一块匾额,一曰"西域咫尺",为光绪年间题匾;一曰"教一清真",为乾隆年间题匾。内院南北为三开间讲堂,正西为礼拜大殿,三开间。大殿正门悬挂民国时期"万殊归一"匾额一块。殿内悬挂阿拉伯文匾额三块,正面的"米罕拉布"镌有穹顶式经文。

整座清真寺占地751平方米,面积不大,却古朴幽静,深藏在民居之中,沉默得如同遗世独立的老人。清真寺历尽沧桑,几经兴废,却一直顽强地延存至今。

据记载,明州城最早的清真寺建于宋咸平年间,俗称回回堂,并不是现在的地址,而是位于当时市舶务边的狮子桥北侧。

波斯人何时开始来明州港的?这可能得由地底下的陶器残片来回答。20世纪90年代,在宁波唐宋子城遗址、东门口古城遗址、天一广场(波斯巷遗址)等处,都出土了唐代的波斯陶器残片,而且在唐城地坪中出土了多块。

与此相呼应的是,在波斯地区和阿拉伯地区陆续出土了唐代明州上林湖生产的越窑青瓷。波斯陶与越窑青瓷的出土,证明了早在唐代波斯人与明州就有着通商贸易和文化交流。

而这种交流,正是起源于明州的对外开放——海上丝绸之路的开通。

早在公元7世纪初,强盛的阿拉伯就开始向东方富庶、文明的大唐进发。晚唐时期,明州开通了世界海上贸易航路,逐渐成为著名的港口。装满越窑青瓷的商船从明州港出发,经泉州、广州运到马来半岛,再由波斯商人过印度洋,运到波斯湾至阿拉伯国家,并由阿拉伯传到欧洲。而波斯商人又将阿拉伯—波斯湾地区盛产的香料通过东南亚运到明州。

就这样,明州—东南亚—波斯湾地区的东南亚贸易圈孕育形成了。而盛产丝绸与青瓷的明州,无疑成了这一贸易圈的一大重镇。丝绸与青瓷,把阿拉伯—波斯湾的穆斯林商人带到了东方的明州。

至迟从北宋开始,他们中有一部分人定居下来,并把他们信

丝路听潮——海上丝绸之路文化

图① 宁波古清真寺
图② 古清真寺内厅
图③ 古清真寺天井

仰的宗教也带到了明州。当时中国人把他们与东南亚商人统称为"番客"。由于他们往往集中居住在东渡门内,在旗杆巷设有波斯馆,因此,这一带被称为"波斯巷",官方也称为"番坊"。"番

图④ 波斯巷遗址

"坊"内的日常事务由他们自己选出的首领负责管理。为了宗教生活的方便，宋咸平年间（998年—1003年），在城东南市舶司旁边的狮子桥北侧，建起了宁波历史上第一座清真寺。

这些番商通过明州港，把中国的丝绸、瓷器、茶叶等装上远洋帆船，运到波斯湾—阿拉伯地区，并转输至欧洲，由此传到世界各地。

到了元朝，由于蒙古人西征，大量的阿拉伯人、西亚人、中亚人被编入"探马赤军"来到中国。出于宗教生活的需要，他们居住在一起，形成相对固定、集中的区域。此时的穆斯林已经成为"土生番客"或"五世番"。

元至元年间（1264年—1294年），庆元府的穆斯林迁至城东南海运公所以南冲虚观前，就是现在的宁波开明街右营巷。

来到中国的阿拉伯人、波斯人、回纥人，以及部分改信伊斯兰教的蒙古人，为了与当地汉人交流，学说汉语，穿汉服，与汉族妇女通婚，逐步放弃了母语和传统的大袍。到明末清初，中华大地上已经形成了一个由多种族人群共同信仰一个宗教而形成的、既不同于传统的阿拉伯人又不同于传统的中国人的独特的群体——回族。

也是在那个时候，宁波出现了真正的回民集中居住的社区。区内有清真寺、学校，回民以清真寺为中心，环寺而居。其他地方则鲜有回族人居住。

清康熙三十八年（1699年），一名商人看好原清真寺地块的商业价值，与清真寺执事协商，出资将清真寺迁至月湖西侧的后营巷，即现存的清真寺寺址。

除了清真寺、波斯巷，回族人还给宁波留下了其他一些印迹。共青路宁波二中对面，旧有一座"将军第"，系大同回族将军镇守宁波时建造，其后人至今已传有十四代。西门外原有一处埋葬"番客"的回族墓地，阿拉伯式样的墓葬立有镌刻着阿拉伯文饰的墓碑。

波斯巷不见了，但穆斯林文化留了下来。文明的交流就是这样，到最后总是体现为文化的交融。

宁波以广纳天下的胸襟、包容万象的气度，接纳了佛教，接纳了伊斯兰教，最后也接纳了基督教。三大宗教在宁波和谐共处，共同构成了港城宁波的文化底色。

波斯巷，是宁波港通天下的见证，更是宁波开放精神的见证。不仅波斯人，东南亚商人也沿着海上丝绸之路来到明州。他们或为朝贡，或来贸易，总能获得丰厚的回报。

《宋史》记载，宋淳化三年（992年）十二月，阇婆国（今印尼爪哇）遣使来宋朝贡，由中国商人毛旭做向导，经过60天航行，到达明州。阇婆使臣带来了象牙、白鹦鹉、玳瑁、龙脑、丁香等贡品，宋朝皇帝则回赐了大量的金币，还有良马、戎具等。

对于千里迢迢泛海而来的外商而言，宁波是一座充满人情味、给人安全感的商贸城市。南宋孝宗乾道元年（1165年），赵伯圭任明州知州。当时真里富国（今柬埔寨）有个大商人长期在明州经商，年老病死，没有后代，遗有巨额资财。有的官吏提出将这笔财富没收，赵伯圭不同意，他说：远来之人，已遭此不幸，怎忍心去图其财呢？马上备棺收敛，派人送归故国，发还财产。

过了一年，真里富国专遣一名使者来明州表示谢意，说：已故商人的家属，把明州归还的财产全部捐献，造了浮屠，上面雕着赵伯圭像，日日为他祈祷。

高丽馆

"悠悠信风帆，杳杳向沧岛。商通远国多，酿过东夷少。"北宋著名诗人梅尧臣的诗《王司徒定海监酒》，描述的是当时明州海外贸易繁荣的景象。定海就是现在的镇海。

当时，明州作为两宋重要的贸易港口，吸引了日本、高丽、真里富、占城（今越南）、婆罗（今印尼）、大食（今阿拉伯）诸国商人来华贸易。而外国的商船归国多在镇海口放洋。

与明州往来最密切的自然是日本、高丽两个"东夷"国家。日本与明州一衣带水，自古以来交往频繁，两地贸易、文化密不可分。为了接待日本朝贡使团，明州曾建有专门的国宾馆——嘉宾馆。

其实，明州与高丽的交往同样十分密切，明州也曾为高丽使节建过国家级迎宾馆——高丽使行馆，而且在时间上还远早于嘉宾馆的建造。

最早提议在明州设立高丽行馆的，还是"唐宋八大家"之一的曾巩。宋神宗熙宁年间，鉴于来明州的高丽使者及商人日益增多，时任明州知州的曾巩为了"存恤外国人"，曾上札建议："欲乞今后高丽等国人船，因风势不便，或有飘失到沿海诸州县，并

图⑤ 明州与高丽交往史陈列馆
图⑥ 高丽厅

令置酒食犒设,送系官屋舍安泊,逐日给与食物,仍数日一次,别设酒食,阙衣服者,官为置造,道路随水陆,给借鞍马舟船,具析奏闻,其欲归本国者,取禀朝旨,所贵远人得朝廷仁恩待遇之意。"希望官府有专门的屋舍安置高丽来客,并管待酒食,甚至置办衣服。

　　于是,宋政府就在明州州城延秋坊设置同文馆,以招待高丽蕃使。据考,《宋史》中最早记载的延秋坊,应为宜秋坊,宝庆《四明志》云,其馆位于城西北厢。这是高丽使馆的前身。

当时,高丽几乎年年都遣使臣前来朝贡,中国的政治制度、文化制度,以及服饰、音乐、绘画、科技、宗教等各个方面,开始更广泛地传播、影响朝鲜半岛乃至整个东亚地区。北宋末期,这种交流达到一个高峰。

熙宁七年(1074年)以后,由于北路为辽国所阻,应高丽使臣要求,北宋政府同意高丽使者改在明州登陆。

北宋与高丽的航线,熙宁以前多走北路,一般在山东登州出海,高丽使节或商人也在登州或密州登陆。熙宁以后,宋船从明州定海出发,越过东海、黄海,沿朝鲜半岛南端西岸北上,到达礼成江口。这条海路被称为南路。

高丽使节和商人到明州后,经浙东运河北上杭州,再沿京杭大运河、隋唐大运河到达汴京。

自熙宁以后,宋丽两国使团均由明州港出入,很少例外。

元丰元年(1078年),宋廷在明州兴建第一码头——利涉道头。同年,派遣安焘、陈睦乘坐明州造的万斛神舟,自镇海起航出使高丽。

元丰二年(1079年),朝廷特地赐明州置高丽贡使馆名曰"乐宾"(前身即为同文馆),置亭名曰"航济"。航济亭遗址在今镇海城关,南大街路与城河路的交叉口。所谓亭,是驿亭、客舍之意。航济亭就是专门用来招待漂洋过海而来的高丽使臣住宿的高级宾馆。

元丰三年(1080)年,朝廷作了进一步规定,凡"非明州市舶司而发过日本、高丽者,以违制论"。明州成为发放前往高丽、日本贸易执照的唯一合法港口。从此,从明州赴高丽的舶商日益增多。

据统计,有宋一代前往高丽的航海者,史书记载的达5000余人之众,官方的"航海外交"有记载的,高丽遣使来宋57次,

图⑦ 镇海新建的航济亭
图⑧ 宋徽宗御笔碑（阳面）
图⑨ 宋徽宗御笔碑（阴面）

宋使前往高丽也有30次，人数多的一次达200余人。宋丽"航海外交"显然大大超过前朝。

政和七年（1117年），明州籍官员楼异看到明州城内高丽使节纷至沓来，市舶司收入年年递增，在他即将赴任随州知州之时，向宋徽宗建言：遵元丰旧制，在明州设高丽司名曰"来远局"，以招待高丽使者。同时，造两艘大船和百艘龙舟（"百舵画舫"），停泊在甬江口招宝山下，以供高丽使者每年来宋朝贡时使用。

至于筹建高丽司的经费，楼异胸有成竹地建议：将明州

西郊广德湖"垦而为田",可得湖田七百二十顷,每年可收谷三万六千石以充经费。宋徽宗听了十分高兴,立马将楼异改任为明州知州,并出内库钱六万缗,作为造船的经费。

因此,明州置高丽使行馆,是得到宋徽宗钦批的,在大宋国可算是真正意义上的国家级使馆,它也是江南唯一的高丽使馆。

高丽使行馆选址月湖菊花洲。宋代的月湖是明州城内最为繁华之地,世家云集,文人荟萃,是明州文脉之所在。

有钱有地,又有皇帝的鼎力支持,楼异一面组织填埋广德湖,一面纠集工匠,还调来了温州船场的工役,很快,一座重檐叠楼、高大壮观的馆舍,在月湖东岸宝奎巷矗立起来。

广德湖被废,田倒是有了,租也收上来了,但鄞西七乡之田从此失去了灌溉水源,长期干旱,产量锐减。当然,这是后话。

高丽使行馆主要承担两个功能:一是安顿高丽使者的食宿;二是作为栈房储存货物。在高丽使行馆储存的货物有两种:一种是从高丽运来的朝贡货物,这些货物在三江口经过抽解,即缴纳十分之一的船舶税后,余下的大部分由明州官府"博买"、"和买",即由官府统购,其"价值酌蕃货轻重而差给之",或付以铜钱,或以货易货,所易的货物,主要为丝织品、瓷器、茶叶、书画、

图⑩ 宝奎巷

乐器、雕塑品等。

另一种为朝贡品,如宋廷需要的高丽药材、漆器等。这些贡品在使馆短暂安放后,即沿水路经杭州,溯运河而上,至开封后上贡宋朝皇帝。宋朝皇帝按例予以回赐,一般情况赏赐品的价值远远高于贡品,如宋神宗元丰二年(1079年),赐以"万缣";元祐五年(1090年),赐银五千两。回赐品运回明州后,就安放在使馆内。

待风顺后,高丽使者将朝贡贸易所得的货物及货币装船,从明州港出海运回本国。

当时,除了高丽使节之外,商贾、留学生也纷至沓来,寄寓高丽使行馆。一时间,月湖畔异国之音不绝于耳,异域风情十分浓厚,而周边百姓却也泰然处之,习以为常。

高丽使团规模较大,通常百人以上。使团一到,宋廷就立即派明州官员接引,一路笙歌,引至高丽使行馆安顿。回国时则派五十名士兵充作卫兵和仪仗队一路护送,沿途地方长官也依礼出城相送,场面甚是壮观。

作为礼尚往来,凡宋朝使臣或"民间贾人至境",高丽也"遣官迎劳",在开京(今朝鲜开城)专供宋使下榻的顺天馆隆重接待。宋朝皇帝和高丽国王经常接见并宴请对方的使臣,赏赐大量礼品。来来往往,煞是热闹。

高丽使行馆自政和七年(1117年)批准之年算起,至隆兴二年(1164年)四月最后一批高丽使节来宋,历经北宋政和、重和、宣和、靖康、南宋建炎、绍兴、隆兴等时期,前后延续近半个世纪。

高丽使行馆最终毁于金兵的一把火。南宋建炎三年(1129年)八月,金兵渡江南下,铁蹄直逼临安,宋高宗率群臣弃城仓皇出逃,金兵一路追至明州。

建炎四年(1130年)正月,明州城破,宋高宗再次出逃。二

图⑪ 高丽使馆发掘现场

月,金帅完颜宗弼下令从明州退兵。撤走时,下令火烧明州城,明州城基本上被焚掠一空。高丽使行馆就在这一次劫难中荡为灰尘。当时,位于镇海口的航济亭也被付之一炬。至此,航济亭存世五十余年,共接待高丽使团十四次、宋使四次。

高丽使行馆的焚毁,在一定程度上象征着宋王朝的没落,也标志着宋朝与高丽朝贡贸易的终结。此后,高丽屈服于元朝的残酷统治,逐渐退出官方的海上贸易。

崔溥《漂海录》

南宋隆兴二年(1164年)以后,宋丽之间的交往,由官方让位于民间。

据郑麟趾《高丽史》记载,宋代商船航行至高丽的有120多次,每次少则几十人,多则100多人,其中不少是明州人,几乎十之八九是从明州港始发或中转的。

元时,中国的茶、瓷器、丝织品、书籍等对高丽的输出依然不断增加。元代中期,庆元(即宁波)大埠始发的最大一艘贸易船,行驶到朝鲜半岛木浦沉没。后经考古打捞,从这艘贸易船中打捞出陶瓷器20661件,石器43件,其他杂件574件,金属制品

729件，铜钱28吨。可见当时贸易规模之大。

元末战乱，不少浙江民众为避战祸，远渡高丽。著名的如宁波望族张氏，"尝以避兵入高丽"，入明还里后，"人遂称为'高丽张氏'"。其后人张伯庠在明武宗时曾任芜湖、靖安知县。张伯庠与清初殉难的张苍水、张槿，被称为高丽张氏一族的"三望"。

另一名明州人唐诚也在元季因避兵北渡高丽。朝鲜李氏王朝建立后，唐诚"专掌事大，官至恭安府尹，赐籍密阳"，《李朝实录》称他"历仕中外，通晓律令，遇事敢言"。1413年，唐诚77岁时在朝鲜去世。

明初，在继最先的安南之后，明朝与高丽也正式确立宗藩关系，两国的经济往来被纳入朝贡贸易体系之中。李氏统一朝鲜后，朝鲜仍然与明朝保持密切的朝贡关系。

朝贡贸易之外，明朝与朝鲜的商贸主要由浙江私商赴朝进行。嘉靖十六年（1547年）十二月，浙江巡抚朱纨在向明世宗报告时曾讲到，近年下海的商民"被执于朝鲜者九百九十三名，其交通佛郎机、日本、暹罗、彭亨、倭夷"。可见，在朝贡贸易之外，浙江仍有相当多商人违禁渡海与朝鲜贸易。

浙江地处东海之滨，海运发达，因此常有运粮船只和出海民船遭风暴漂流或为倭寇掳掠，辗转来到朝鲜，朝鲜政府总是给予关照帮助，并妥善遣回中国。仅据《李朝实录》一书统计，1404年到1448年的44年间，由朝鲜遣还的浙江官民就有9批之多。同样，如遇朝鲜漂流而来的渔民，明朝政府也往往加以礼遇，设法送回。

这其中影响最大的应是崔溥漂流事件。

崔溥系朝鲜官员，明弘治元年（1488年）一月，因去海岛祭祖遭遇飓风，43人在海上漂流14天，在即将"山穷水尽"之际，终于在"大唐国浙江台州府临海县界牛头外洋"（今三门县）安全着陆。

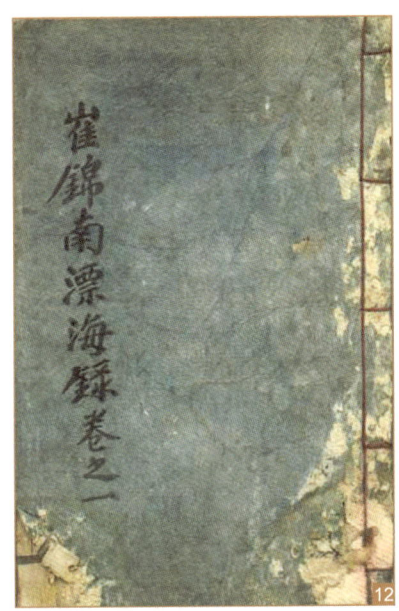
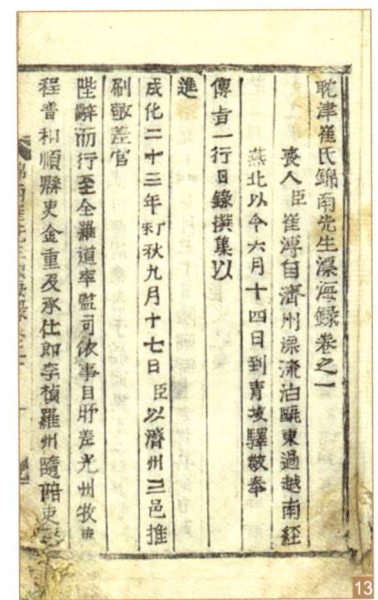

当时,明州与高丽间的航行时间,一般为5至7天。徐兢《宣和奉使高丽图经》记载:"由明州定和洋,绝海而北,舟行皆乘夏至后南风,风便不过五日即抵岸焉。"

航海时间的长短,主要还得看风向而定,如遇顺风,则"历险如夷",如遇"黑风",则"舟触礁辄败"。所以,来回航行必须掌握好季风的特点。一般从明州至高丽多在七、八、九月,乘西南季风;回航多在十月、十一月,乘东北风。

当时正值一月,本非航海良机,因遇风暴,所以崔溥在海上漂泊了14天,才在三门湾靠岸。

登陆之初因语言不通,崔溥等被当地居民怀疑为倭寇。居民自发押解送官,后经"桃渚所"(今台州临海桃渚镇)、"越溪巡检司"(今宁海越溪乡)等边防官员审核,始知他们确系来自友好邻邦朝鲜,随即受到中国官方的礼遇。

于是,崔溥在明军的一路护送下,自宁海抵宁波,由浙东运河行抵杭州后,溯京杭大运河北上到达北京,然后走陆路至鸭绿江返回朝鲜。崔溥在中国总共逗留了135天,行程四千多公里。

回国后,他用汉文写出了《漂海录》一书,以日记体的形式记录了自己的经历。全书共 5.4 万字,涉及明朝弘治初年政治、军事、经济、文化、交通以及市井风情等方面的情况,是研究中国明朝海防、政制、运河、城市、地志、民俗的重要文献。

《漂海录》也大量记载了宁海县、宁波府及浙东运河的地理、风貌、习俗等,对了解那时的宁波很有帮助。

《漂海录》记载:"棹至宁波府城,截流筑城,城皆重门,门皆重层,门外重城,水沟亦重。城皆设虹门,门有铁扃,可容一船。棹入城中,至尚书桥,桥内江广可一百余步。又过惠政桥、社稷坛。凡城中所过大桥亦不下十余处,高官巨室,夹岸联络,紫石为柱者,殆居其半,奇观胜景不可殚录。棹出北门,门亦与南门同。城周广狭不可知。府治及宁波卫、鄞县治及四明驿,俱在城中。"

这里提到的北门应为望京门,其实是西门,崔溥大概记错了,因为北门是没有水门的,宁波只有南门和西门有水门。崔溥是从南门水路进城,然后坐船从城中的内河经尚书桥、惠政桥,由西门出城。

崔溥的《漂海录》成了后世传递中韩友谊的历史媒介。2002 年 7 月,崔溥后裔 108 名代表来三门湾寻找祖迹,在宁海越溪乡巡检司城旧址,为"崔溥漂海事迹碑"揭碑,中韩共同植下友谊常青树。

【六】

飘香的茶路

有一段著名的禅宗公案，叫"赵州茶"。

一天，八十多岁的赵州禅师从谂问一位新来的客人："曾到此间么？"客人答："曾到。"禅师说："吃茶去。"

禅师又问一名僧人，僧人回答："不曾到。"禅师说："吃茶去。"

监院不禁问老禅师："为什么曾到也说吃茶去，不曾到也说吃茶去？"

禅师突然叫了一声监院，监院应喏。禅师又说："吃茶去。"

赵州本意，在以茶讲佛。如何是佛法大意？无非吃茶。自然单纯，不必执着，如同"吃茶"那样平平常常，简简单单。

600多年后，禅僧村田珠光听了一休和尚讲的这段公案，顿悟由茶入禅的法门，从此奠定了日本茶道的规式。

四明茶风

明州自古产茶。明州茶，以四明山产最具盛名。

史载，西汉时，四明山中有大茗，以鲜叶晒干成茶，有"绿色珍珠"之雅称。迟至清代，吴金声游记中也曾提及："余姚四明石屋禅院前，有茶树径大如斗。"

唐代"茶圣"陆羽将茶分为"上、次、下、又下"几个等级，《茶经》中说："茶之出浙东，以越州上，明州、婺州次。"当时的越州包括余姚，"余姚县生瀑布泉岭曰仙茗，大者殊异"，瀑布仙茗被陆羽列为上品。《茶经》又提到"明州鄮县生榆荚村名茶"，榆荚村即今宁波鄞州的甲村。

南宋建都临安，浙东茶事兴隆，明州各地皆产名茶，有的还成了"贡茶"。据《宋会要稿·食货》记载，仅绍兴三十二年（1162年），明州产茶510435斤，遥遥领先于两浙东路其他诸州。

明州饮茶盛于唐时。士大夫纷然以饮茶为韵事，不仅注重

茶的色香味,而且对茶具也十分讲究。

当时,全国六大名窑中越窑排在首位,所产青瓷茶具造型精致,釉色青翠晶莹,堪称艺术珍品,深受时人喜爱。

饮茶风尚的盛行,促进了越州、明州青瓷茶具的生产。明州上林湖、东钱湖、云湖等地设窑烧造,出产的青瓷茶具蜚声海内外。

茶业的兴起,推动了茶文化的形成与外传。早在唐代,遣唐的日本高僧从明州港返国时,就已经习惯于随身带上茶叶和茶种。到了11世纪末,明州茶开始批量出口,茶叶与丝绸、瓷器一起,成为明州港外销的大宗产品。

北宋明州诗人舒亶有诗曰:"梯航纷绝徼,冠盖错中州。草市朝朝合,沙城岁岁修。雨前茶更好,半属贾船收。"明州茶和青瓷茶具被装运上海内外商船,从明州港出海,源源不断地输往日本、高丽、东南亚及阿拉伯、波斯地区,形成了一条源远流长的"海上茶路"。

朝鲜半岛早在唐朝就从中国输入茶叶。根据文献记载,唐太和二年(828年),朝鲜半岛新罗遣唐使大廉从明州回国时携

图① 宁波的茶园

图② 海上茶路起航地

带走了茶种,并在新罗国王的同意下种植于智异山。大廉是把茶叶从中国传入朝鲜半岛有确切记载的第一人。

在新罗时代,以张保皋商团为代表,不但把明州丝绸、瓷器源源不断地运往新罗,转销日本,而且还把明州的茶叶和上林湖越窑生产的茶具也运销到了朝鲜半岛。

宋元丰八年(1085年),高丽朝文宗第四子义天"韬形去国,潜服放洋",搭乘宋商林宁的船从明州港入宋,在天竺寺僧慈辨的门下学习天台宗教义。回国前专程来到明州,参谒阿育王寺大觉怀琏禅师,学业更上层楼。回国后,创高丽天台宗,成为这个宗派的始祖。义天回国时,把浙东的茶种带到了高丽,促进了高丽种茶业和茶文化的发展。

宋代,上林湖瓷器和明州茶已经成为输往高丽必不可少的大宗货物。高丽还直接引进明州的制瓷技术人才,到康津地区传授建造窑炉、装烧、装饰等一整套制瓷技术,并在当地大量生产茶具。明州港与朝鲜半岛的"海上茶路"进入鼎盛期。

宋宣和五年（1123年），徐兢出使高丽，带去的物资中就有茶叶。徐兢到达高丽后，发现高丽人早就学会了中国制茶及烧煮的方法，而且已经使用一整套的茶具。在《宣和奉使高丽图经》中，徐兢对高丽的饮茶之风作了较为详细的描述：

"土产茶，味苦涩不可入口，惟贵中国腊茶并龙凤赐团。自锡赉之外，商贾亦通贩，故迩来颇喜饮茶。益治茶具，金花乌盏、翡色小瓯、银炉汤鼎，皆窃效中国制度。凡宴则烹于廷中，覆以银荷，徐步而进。候赞者云茶遍乃得饮，未尝不饮冷茶矣。馆中以红俎布列茶具于其中，而以红纱巾幂之。日尝三供茶，而继之以汤。"

从记载来看，当时高丽饮茶之风相当兴盛。高丽人好茶，是把茶当成一种强身健体的药。由于本地土茶味苦，高丽人钟爱喝大宋的腊茶和龙凤团茶，这两种茶大多为宋廷赐送，也有一部分由海商从大宋贩运而来。喝茶的茶具精致讲究，有金花乌盏、翡色小瓯、银炉汤鼎，还有茶案，覆以红纱。喝茶时遵照的也完全是中国的茶礼，而且看来十分讲究。客人来访，主人奉上茶汤，必待客人饮尽，主人方喜。"丽人谓汤为药"，"每见使人饮尽必喜，或不能尽，以为慢己，必怏怏而去，故常勉强为之啜也"。

茶禅一味

在中国，饮茶习俗最先兴起于寺院。唐宋时，南方寺院几乎寺寺种茶，僧众人人嗜茶，成一时禅林风尚。

佛门提倡吃茶，着眼在以茶为药，可强健身体，安心静思，消除杂念。禅僧饮茶，列入禅门清规，表现为"茶宴"、"茶礼"的仪式规范。随着茶礼的更加规范化、制度化，茶禅融合为一体，于是茶道就产生了。可以说，是禅宗奠定了茶道的基石。而百丈怀海是中国茶礼的奠基者。

百丈怀海，唐代著名禅僧，曾任明州金峨寺住持。百丈怀海为禅宗丛林立下了一部著名的《百丈清规》，这是一部规范禅僧行为的律规，内容包括禅僧日常生活起居的方方面面。因饮茶是禅门生活的一部分，《百丈清规》将坐禅饮茶列为宗门范式，佛家茶礼从此正式问世。

《百丈清规》对行茶有一套严格的规定。"赴茶"条明确："方丈四节将为首座大众茶，库司四节将为首座大众茶、旦望巡堂茶、方丈点行堂茶等。"什么人什么时候行什么茶，皆有严格明确的规定。喝茶要鸣鼓集合，讲茶汤礼，"鸣僧堂中集众门……讲茶汤礼。法堂设两鼓，居东北者称'法鼓'，居西北者称'茶鼓'"，讲座说法擂法鼓，集众饮茶敲茶鼓。

寺院里设有"打茶"，多至"行茶四五匝"，借以清心提神。茶院中还专门设"茶堂"，供寺僧坐而论道，辩说佛理或招待施主。并设"茶头"专事烧茶，献茶酬宾，另设茶僧为行人施茶。

寺院还有专门的茶僧，上供诸佛菩萨及历代祖师之茶，称"奠茶"。寺院依"戒腊"年限的长短，先后奉茶，称"戒腊茶"；住持或施主请全寺僧众饮茶称"普茶"……茶会已成佛事活动的重要组成内容，并作为佛门规式固定下来。

唐时明州天童寺、阿育王寺、雪窦寺、瑞岩寺、金峨寺等，俱

图③ 百丈怀海

为一时名寺,不但有专门茶园,而且坐禅饮茶之风极盛。

至宋时,中国禅宗发展进入鼎盛时期,"茶宴"之风在禅林及士林更为流行。其中最负盛名的当推杭州余杭径山寺的"径山茶宴"。但明州的天童寺在中华茶禅文化的形成中起着举足轻重的作用。

"东南佛国"天童禅寺背靠太白山,山广林密,常年云雾弥漫,最宜茶树生长。所产山茶名为"龙心茶",亦名龙角山茶,北宋时已颇有名气。杭州西湖龙井茶驰名中外,但在"斗茶"中,唯明州太白"龙心茶"能与之比肩。

由于太白山上多产兰花,故太白山茶有幽兰之香。太白山茶采摘数量稀少,天童寺当家和尚珍爱异常,曾将它作为佛家贡礼献给宫廷。

天童禅寺"茶宴"盛行,有一套肃穆庄严的寺院茶礼。茶宴开始时,僧众团团围坐,主持僧按一定程序冲沏佛茶香茗,依次传递品尝。冲茶、加水、品饮等一切如仪进行,在袅袅的茶香氤氲中,参禅研理,观照自心。

著名禅僧正觉住持天童寺后,创立"默照禅",茶与禅在更深层次上得到融合,逐渐上升到"茶道"的层面。

正觉(1091年—1157年)住持天童寺30年,宋高宗诏谥"宏智禅师"。其《默照铭》提倡"默默忘言,昭昭现在",只要静坐入定,体歇默究,就会产生般若智慧,洞见真如本性。天童正觉在饮茶中融进了"清静"思想,通过饮茶获得顿悟,达到智慧圆通,与自然宇宙融为一体。

"闲观叶落地,静坐一杯茶。"长松苍梧下,山泉涧石间,于万籁俱寂中独对一盏清绿的茶汤,山茶的馨香,和着烟岚雾霭,袅袅然,化作烟,消散于无形。这其中不是满含着禅意吗?

故谓茶中有道,"吃茶"也是一种修行。禅师一句"吃茶去",无限禅意在其中。

天童正觉就此把饮茶由饮食文化,上升为宗教性的精神文化。茶道从此脱胎于禅宗茶礼,成为中华文化的重要组成部分。

茶和禅,两种文化在经历了兴起、发展、成熟的过程之后,最终在明州这一特定的生态环境和文化环境中,融合、升华为底蕴丰富深邃、独具个性特质的禅茶文化。

港通天下的明州,又以其独有的开放气质,完成了茶禅文化向海外的传播,直接影响日本的茶文化和禅文化,使之最终形成和式茶道。明州开辟的"海上茶叶之路"无疑为日本乃至东亚文明奠定了又一块基石。

禅茶东传

中国的茶和茶礼最初是由僧人传至海外的。

天宝十二年(753年)大唐僧人鉴真东渡扶桑,带去大量药品和茶。这是文献中日本有关茶的最早记载。

此后,遣唐的日本学问僧在学习、吸纳中国佛教文化的同时,把中国的茶种、茶文化也带到了日本。

唐德宗贞元二十年(804年),日本遣唐僧人最澄坐的船漂到明州,前往天台、越州等地学习台密。第二年八月,最澄与另一遣唐日僧都永忠一起,从明州起程归国。归国时,最澄从天台山带去了茶种。

据《日本社神道秘记》记载,最澄从中国传去茶种后,植于日吉神社旁(今日吉茶园)。在将茶种引入日本的同时,最澄也将饮茶的唐风引入日本宫廷,得到了天皇的重视。《文华秀丽集》中收有一首当时嵯峨天皇与最澄的唱和诗,题为"澄公奉献诗答",内中有"羽客旁讲席,山精供茶杯"之句,反映了天皇与最澄的融洽关系以及饮茶在其中所起的作用。

《日本后记》记载,与最澄一起回国的大僧都永忠(都,为僧

图④ 京都栂尾山茶园
图⑤—图⑦ 马蝗绊茶碗

官)常与嵯峨天皇于松梧间,吟诗弹琴,还曾亲手煎茶奉御天皇。嵯峨天皇因此留下了许多茶诗:"吟诗不厌捣香茗,乘兴便宜听雅弹","避景追风长松下,提琴捣茗老梧间",等等。从中可见,饮茶在当时的日本禅院与上流社会中,被视为风雅之事。

遣唐使废止之后,日本国内唐风稍息。

到了镰仓时代(约12世纪末至14世纪),中日佛教文化交流再掀高潮,唐风又兴。幕府当政醉心于宋朝的禅法和茶文化,多次派遣僧人入宋求法,并延请中国禅师赴日传法。以茶禅为媒介,中日两国的文化交流展开了新的局面。

1175年,日本当时的武士阶层首领平重盛向明州阿育王寺施舍砂金,阿育王寺住持拙庵德光作为还礼,赠送给平重盛一批龙泉窑瓷茶碗。这些瓷茶碗受到了日本统治阶层的无上宠爱。

至15世纪室町时代,平重盛拥有的一只瓷茶碗传到了日本最高统治者足利义政的手里。可是,碗的底部和壁部已出现了裂纹,足利义政深感惋惜。他托人将茶碗拿到中国,希望中方能按原样再做一只同样的茶碗,但 15 世纪的龙泉窑已烧不出同类的产品,中国师傅只好用锔子把裂纹补好后,还给了足利义政。因修补处看起来像马蝗,故有"马蝗绊"之称。

这只茶碗高 6.6 厘米,口径 15.4 厘米,现存东京国立博物馆,已成为日本国家级文物。

在镰仓时代初期,日本的茶禅历史出现了一位划时代的人物——荣西。

1168 年,日僧明庵荣西入宋求法,由明州登天台山。当年,荣西携天台宗典籍数十部归国。1187 年,荣西再次入宋,登天台山,拜万年寺虚庵怀敞为师。后随师迁天童寺,得虚庵所传禅法,回到日本,成为日本临济宗的开山祖师。

荣西在中国的数年时间内,除习禅外,还切身体验到中国僧人吃茶的风俗和茶的效用,于是归国时带回茶种和饮茶方法。

荣西回到日本,一路行一路种茶。一上岸,便在下榻的九州平户岛的富春院撒下了从中国带回的茶籽。至今那里仍留有一小块茶园,竖有一块石碑,上写"荣西禅师遗迹之茶园"。又在离平户不远的背振山灵仙寺播种植茶,至今其废墟旁仍留有茶园和写有"日本最初之茶树栽培地"的石碑。

荣西还送给京都拇尾高山寺明惠上人 5 粒茶籽,明惠将其种植在寺旁。没料想,那里土壤湿润,非常利于茶树的生长,所产的茶味道纯正,为日本国人珍重,日人就把拇尾高山茶称为"本茶",而将之外的茶称为"非茶"。

回到日本后,结合自己饮茶的体会和理解,荣西还撰写了一部《吃茶养生记》。这是日本最早的茶书。该书在日本广泛流传,影响深远,推动了饮茶之风在日本的兴起,荣西因此被尊为日本的"茶祖"、"日本的陆羽"。

这部书的流行,还与日本将军源实朝有关。1214 年的一天,荣西到将军府上做法事,听说源实朝将军前一天晚上喝多了

图⑧ 荣西

酒，卧床不起，众人不知如何是好。荣西立即派人从他所在的寿福寺送来一碗茶。将军喝了之后，精神立刻好了起来。趁此机会，荣西献上了他刚刚写就的《吃茶养生记》，博得了源实朝的欣赏。

荣西在《吃茶养生记》记述："荣西昔在唐时，从天台山到明州，时六月十日也。天极热，人皆气厥，于时有店主丁子一升，水一升半许，久煎为二合许。与荣西服之，而言：法师远涉路来，汗多流,恐发病软,仍令服之云云。其后身凉清洁,心地弥快矣。"

由于自己的这段经历,荣西深感茶的药效之神奇。在《吃茶养生记》中,荣西也主要是从茶的药物性能角度出发加以论述。

荣西开篇指出:"茶也,养生之仙药,人伦延灵之妙术。山谷生之,其地神灵也;人伦采之,其人长命也。"在他看来,茶不是一般的饮料,而是可以使人延龄长寿的"仙药"。

荣西说,"肝脏喜好酸味,肺脏喜好辛味,心脏喜好苦味,脾脏喜好甘味,肾脏喜好咸味",如服用含有苦味的茶,可以滋养心脏,病气自然消散。日本国多有病瘦人,是不吃茶所致。

在日本历史上,荣西是第一个系统地向日本人介绍中国茶文化的人。荣西入宋时曾详细研究过陆羽的《茶经》和其他一些有关茶的著作。在《吃茶养生记》一书中,荣西从《太平广记·茗部》上引用了33条关于茶的说明,从茶的名称、功效、采摘、炒制等方面全面介绍了中国茶,也谈到了宋人的饮茶方法。《吃茶养生记》因此也被日本史书《吾妻镜》称为"赞誉茶德之书",对于后世日本茶道的形成功不可没。

为纪念荣西对茶的推广之功,至今,在荣西所建的建仁寺,仍保留着南宋风格的禅堂茶礼。

荣西之后,其再传弟子希玄道元正式制定了日本禅院的行茶礼仪。道元于宋嘉定十六年(1223年)随其师明全,从明州入宋求法。在天童寺跟随曹洞宗第十三代祖师长翁如净学习"默照禅"。随侍三年,"豁然大悟"。受曹洞宗禅法、法衣回国,成为日本曹洞宗的开山始祖。

道元是最早把宋地禅寺清规完整地运用于日本寺院的禅僧。在其住持的兴圣寺、永平寺,道元按照《百丈清规》《禅苑清规》等唐宋禅寺的清规,先后制定了《典座教训》、《知事清规》、《赴粥饭法》、《对大己法》、《众寮清规》等,后皆收入《永平清规》。

图⑨ 荣西所建的建仁寺

《永平清规》对吃茶、行茶、大座茶汤等茶礼作了明确的规定。如"新命辞众上堂茶汤"、"受请人辞众升座茶汤"、"堂司特为新旧侍者茶汤"、"方丈特为新首座茶"、"方丈特为新挂搭茶"等,皆有详细的规定。凡仪典、迎送、忌日结束时,寺院都要举行行茶之仪。届时,住持和众僧按一定的排序坐好,按照严谨的规格,吃茶点,喝茶汤。

道元的《永平清规》是最早记载日本禅院中行茶礼仪的日本典籍,对其后的日本茶道礼法产生了深远的影响。

日本的茶文化,在荣西之后分为两大系统:一为律宗系统,包括荣西及拇尾高山寺的明惠上人等,是镰仓时代日本茶文化的主流;一为禅宗系统,开山者为崇福寺的南浦绍明禅师,他从中国径山寺引进茶"台子",开日本台子茶礼先河。

南浦绍明与圆尔辩圆及赴日的明州宋僧兰溪道隆、无学祖元等一起,将中国禅院的茶礼、茶宴系统地引入日本,从而使日本禅院的茶礼更加完整、规范。

也正是在镰仓时期,茶宴、茶会等饮茶风尚开始由僧侣、上

流社会向一般民众推广。特别是宋朝流行的斗茶习俗传到日本,风行一时。

"斗茶"又称"茗战",在斗茶时除品评茶之优劣外,还十分讲究水质和茶具。在日本,斗茶会的形式模仿中国禅院茶礼,吃茶亭陈设以唐物为时尚,斗茶的主要内容为竞猜茶的产地及品种。一般,斗茶结束,再入酒席。斗茶会的流行,使得茶宴迅速成为日本大众化的游艺活动。

到了日本室町时期(约14世纪至16世纪),禅僧村田珠光根据茶禅一味的精神,"融合和汉之界",完成了从追求饮茶形式到追求精神解脱的转变,奠定了日本茶道的规式。

到16世纪后期,千利休进行了一系列改良,使茶道进一步日本化。从此,由中国传入的禅院茶礼转变为纯粹日本式的茶道。而千利休的茶道也成为日本正统茶道延传至今。

今天,三江口上空飘着的不再是唐风宋雨,历史的喧闹凝聚而成的只是一块静静的记事碑。人们只有在阳春三月的江南烟雨中,还能依稀闻到淡淡的茶香。或许只有那缕茶香才会把人们的思绪带到那条曾经繁荣的海上茶路,那条曾经维系着两个国家禅宗法脉的海路。

图⑩ 千利休
图⑪ 南浦绍明

【七】

失落的书

千余年前，日本人横渡东海，蹈履凶险，来到中国，孜孜以求的到底是什么？遣唐使、遣明使的真正使命又是什么？

答案其实只有两个字：书籍。

从第一批遣隋使开始，目的就非常明确：求书。日本《经籍后传记》透露："是时国家书籍未多，爰遣小野臣因高于隋国，买求书籍，兼聘隋天子。"第二批遣隋大使吉士长丹回国后，还因"多得文书宝物"而晋位加官。

到了遣唐使更是如此。《旧唐书》记载："开元初，又遣使来朝……所得锡赉，尽市文籍，泛海而还。"在日本人那里，横跨东海的路其实是一条"海上书籍之路"。他们盯住的是大唐领先世界的文化，这是日本民族独到的战略眼光。

所谓政治交流，所谓贸易往来，在他们那里其实都是幌子，都无关紧要。他们有更深的意图，更远的战略，他们倾全国之力，把遣唐使、遣明使上升为一项国策，目标绝对不只是精美的丝绸和陶瓷。

作为一个当时尚未开化的民族，他们需要以最直接的途径、最简单的方法，在最短的时间内迅速成为文明昌盛的优秀民族。

求书若渴的热情体现的正是日本重视文教、勇于学习的民族性，正是日本迫切希望成为强大优秀民族的上进心。一个对先进文明的学习如此狂热的民族，它必定是强大的，但也是可怕的。

而我们呢，千百年来，我们只是沉浸在文献大邦的优越感之中，我们慷慨地输出中华文明，满足于"番夷"对我们的朝贡与崇敬。我们总是过于自信，过于自满，自信得流于自大，自满得接近愚昧。我们向来缺乏远大的战略眼光，这是几千年文明大国带给我们的负产品。

当千余年后,大清帝国的大门轰然洞开,大批中国有志青年奔赴东瀛留学,历史整个地倒了过来。

汉籍东渐

汉文书籍从诞生以来,就负载灿烂的中华文明,源源不断地通过"海上书籍之路"流播日本、朝鲜、越南等国家和地区。

按照"海上书籍之路"概念的倡导者王勇教授的界定,这条书籍之路起自中国,大概在公元元年前后通达朝鲜半岛,5世纪中叶,经百济延伸至日本列岛。隋唐时,中日直达航线开通,书籍交流盛况空前,至明清不衰。

在"海上书籍之路"中,明州港作为重要的中转港和始发港,为中外书籍交流起到了桥梁作用。

书籍流通到日本的方式,林士民先生认为主要有贡赐贸易、遣唐使"购买"、中国僧人传经带入、商船贸易流入、日僧来华抄写等几种。归结起来,中国文献典籍东传日本,实际上就是两个渠道:一是僧人,二是贸易。这其中,往来于中日之间的禅宗僧人作用尤为突出。

隋朝统一全国后,政治、经济、文化迅速发展,当时日本摄政的圣德太子励精图治,锐意改革,为了直接吸取中国的先进文化,派小野妹子出使隋朝。小野妹子归国时,带回了大量在隋朝市面购得的儒家经典、佛经,受到日本朝野的重视并加以模仿。

唐朝是中国文化发展的高峰,也是中日文化交流的黄金时期。在630年至894年的264年间,日本曾18次派遣唐使来唐学习优秀的文化及典章制度。据日本现存最早的史籍《日本书纪》,在唐代,日本先后派到中国学习的学生和学问僧总数达一千多人次。

遣唐使到大唐后,先要朝见皇帝、进献贡物,唐政府也给予相应的回赐,回赐的物品中很大的一部分就是唐朝的书籍。

遣唐使临行前,日本朝廷一般都会赐给布帛和黄金,作为入唐后的生活费用和购书费用。如,学问僧圆仁、圆载入唐,日本朝廷分别赐予黄金二百两。这些来唐的日本留学生、学问僧往往会把节约下来的钱物,用于购买书籍、经卷、佛像、佛画等。

考虑到交通运输的不便,日本留学生、学问僧在购书时全是精心挑选,其中大多是尚未传到日本的新译佛经、重要的儒家典籍等,不仅内容重要,而且印刻版本精良。

除了购买,来唐的日本学问僧大多还会采取自己抄写或雇人抄写的方式,收集一些在市面上十分罕见的重要汉译佛经。在唐前期雕版印刷尚未普及之时,佛经流通的最主要形式就是抄写。

在整个唐代,日本僧人究竟抄写了多少经卷,具体数字已无从考证,但据《日中文化交流史》《中日文化交流史话》等记载,仅日本僧人玄昉就带回经论176部,共5048卷;日本僧人慈觉大师带回他雇人抄写的经论章疏、传记等共584部,802卷;最澄在台州利用台州刺史赠给他的纸张,雇用经生数十人抄写经论,共得230部、455卷;空海在长安时,曾雇了二十多个经生抄写密教经典共186部,322卷;圆仁到扬州开元寺、五台山等地方抄写经疏传记585部794卷。这些抄写好的佛经全部被带回日本。

从记载中可以看出,入唐日本僧人抄写并带回日本的经疏数量是相当可观的。

唐时,日本一方面派遣学问僧入唐学法取经,另一方面邀请唐朝僧人前去传经授法。这些东渡的僧人赴日时往往也会随身带去大量的佛教典籍。

鉴真第六次东渡成功,带去的物品中就有华严经等佛经84部、300多卷,其中的《天台章疏》成为日僧最澄创立日本天台宗的重要依据。

贸易方面,中国商船隋初就被获准进入日本港口贸易。到唐代,中日商船贸易进一步发展,而图书是中国对日本出口贸易的重要物品。

据木宫泰彦《日中文化交流史》,唐朝的商船"每次来日本,必载很多货物……至于货物的品种,固然不大清楚,但似乎是以当时人们信仰的经卷、佛像、佛画、佛具,以至文集、诗集、药品、香料之类为主"。

唐船有时也受货主之托代运书籍。唐僖宗中和元年(881年),婺州人李达曾受日僧圆珍之托,携带黄金及日方书信去长安大兴善寺,购求阙经,共一百二十卷,交张蒙的商船运送到日本。

唐末至五代,日本废止遣唐使,来华学习的留学生和僧侣大为减少,对日书籍流通陷入低潮。但仍有商船往来,特别是吴越对日本的贸易较多,也有一些佛经书籍行销日本。

宋元时期,中日之间虽没有互派正式使臣,但民间贸易和僧侣往来十分活跃,两国也依赖这些途径进行官方联系和文化交流。

由于宋朝禅宗兴盛、中日贸易频繁,两宋时期对日书籍输出达到了一个顶峰。

宋太宗太平兴国元年(983年),日本著名僧人奝然来华,谒见太宗,献上他携来的中土佚书《孝经郑氏注》1卷。太宗大悦,特地赐赠开宝年间敕版印刷的《大藏经》和新译经286卷。985年,奝然随明州宁海县商人郑仁德船回国。回国后,奝然把带回的典籍收藏在京都法成寺。以后的100多年里,法成寺成为全日本收藏佛典最宏富的地方。

景德元年(1004年),日僧寂昭等8人来朝,晋谒宋真宗,进献金字《法华经》,获赐圆通大师称号。寂昭留宋31年,专注于一切经论、各宗章疏和文化典籍的搜罗。日本的藤原道长为此还给他捎来一百两黄金,作为购书费用。寂昭搜罗到的图书,由他的弟子念救等人陆续运回日本。

熙宁五年(1072年),日本京都大云寺僧成寻率弟子7人来到开封,晋谒宋神宗,奏请赐给新刊印的佛经。宋神宗赐予他们显圣寺印经院印本新译经278卷,及《景德传灯录》等其他佛书共计413卷(册)。其中有赠给日本国主的礼物——金泥《法华经》7卷。成寻一行后经明州港将这些珍贵的佛经带回到日本。

南宋时期,日本僧人来华人数更多,文献可考的入宋僧人达100多人。这些日僧入宋后都致力于搜购佛经及其他图书,待回国时全部带回。

据记载,南宋刊刻的《大藏经》每藏500函、6000余卷,通过日僧至少向日本输出10藏以上。

日僧往往选择在临安、苏州、明州、泉州等文化、贸易发达的城市,从市场上购买大批的经论章疏、佛教典籍,有的购书超过千卷。如,日本名僧不可弃俊芿于嘉定四年(1211年),入宋购去佛教典籍、儒书、杂书、法帖等2013卷。后来他的弟子闻阳湛海来宋,也购去各种经论、图书数千卷。

两宋时期,中日商船往来频繁,年年不断。中国输往日本的商品,主要有香药、丝织品、瓷器及佛经等。中国商船到达日本港口,仍沿袭前代制度,先与太宰府进行交易,然后准许与普通商人或市民买卖。因此,买书的多为日本的贵族和寺院。

元代时的中日文化交流,虽然受到元朝两次进攻日本的战争的影响,但日本僧人入元不在少数,甚至超过前代,有姓名可考的达220人以上。日本僧人除带回宋元版的《大藏经》和各种语录、年谱、僧传等禅籍外,还带回许多中国文人所写的诗文集,在日本复刻流通,扩大了汉文书籍在日本的流通,大大促进了日本刻书业的发展。

元时,赴日高僧有确切姓名的共13人。其中最著名的两位,一位是普陀山住持一山一宁,于1296年受元成宗派遣到日本,先后在京都、镰仓传法20多年,日本朝野皈依者甚众;另一位是清拙正澄,他于1329年受北条氏之聘前往日本传经授法,在日本开创临济宗大鉴派,在日本各阶层影响甚大。这两位高僧赴日时都随身带去了大量的佛经禅籍。

到了遣明使时代,由于当时日本国内经济发展的需要,日本遣使的目的有所变化,中国铜钱成了日本急需的东西。日本史籍记载,"永乐年间,多给铜钱,近无此举,故公库索然,何以利民,钦待周急"。但是,书籍仍是日本重要的需求物。

在应仁年间遣明船的咨文中有这样一句话:"书籍、铜钱仰之上国,其来久矣。"可见,日本政府对铜钱的需求虽然非常迫切,但"尊崇文教,而鄙于武学校之徒,是之中国书籍流彼颇多",重视文教的风气依然,所以对书籍的渴求仍然没有减退。

自14世纪后期,特别是15世纪,中国明代官方向遣明的日本僧人赠送书籍外典,似乎成为外事礼宾"回赐"的一种常规。访华的日本僧侣,甚至可在事前先行拟出书单,提请中方照单赠书。《明史》记载:成化十三年(1477年)九月,日本来使求《佛祖统纪》《法苑珠林》诸书,明廷"诏以赐之"。

在明朝与日本勘合贸易中,有一个不可忽视的现象:除第一次外,其余十八次的正副使几乎都是清一色的五山高僧。他们以使节的特殊身份来到明朝,主要目的是游历与学习。这些僧人都精通汉文,喜欢舞文弄墨,入明后与当地文人交往密切,回国时往往会带走从市面购买或友人赠送的大量诗文集、禅宗典籍等。

日僧策彦周良是其中很有代表性的一个例子。

策彦曾经以副使和正使的名义,分别于明嘉靖十七年

怡齋策彥禪師像讚
師日本高僧也奉使
中華寓于明州有威儀文學予
幸辱知於
師其徒三英藏主偶出
師小影視予予為之贊曰
姿溫如璋頷珠內藏儒巾釋裳
跏趺肅莊琅函時張道心清涼
容止可望蘊蓄難量筆翰琳琅
詩風曰唐奉表
天王時趾賓堂明聲震揚
宸寵輝光壯覽勝方倦休扶桑
身升順康壽曰無疆
大明嘉靖二十年歲次赤奮若
瑞月望後四明南遡柯雨窓書
1

图① 策彦禅师

（1538年）和嘉靖二十六年（1547年）先后两度奉命出使明朝。两次出使回国后，分别著有《初渡集》和《再渡集》。

从《初渡集》和《再渡集》的记载看，策彦在中国获取文献典籍的方式，大致有两种：相知馈赠、市场购买，其中包括少量的实物交换。这也是五山时代日本僧侣在中国获得汉籍的主要方式。

日本人对中国书籍的选择，明代郑若曾有过一段评价："五经则重《书》《礼》而忽《易》《诗》《春秋》，四书则重《论语》《学》《庸》而恶《孟子》，重佛经而无道经，若古医书每见必买，重医故也。"事实也大致如此。

关于日人重医书，曾以"大明国客"的身份于嘉靖三十四年（1555年）出使过日本的郑舜功，在其《日本一鉴》中也提到："医书乃治生之本，（日本）国人至重之，医书大全翻刻。"从策彦的购书情况看，有《医林集》、《本草》、《奇效良方》等，均是策彦花重金购买，有一种"每见必买"的感觉。

除此之外，在《初渡集》和《再渡集》中还可以见到很多其他汉籍，大多是策彦来明时随船自备以供路途阅读和查用的。

据陈小法先生研究，策彦的汉籍阅读范围很广，不仅有史书、医书、类书、兵书和诗文，还有像《山谷刀笔》之类的艺术教养书，可谓经史子集，面面俱到。

策彦周良还会在书的余白处摘录一些明朝的事物名称和书籍中的名言警句，以备和明代文人唱和时应急。

请中国文人撰写序或赋，在当时日本禅僧中是非常流行的做法。策彦初次入明时，得诗友联韵9000句，编成一帖，名以"城西联句"，请丰存叔为之序。丰存叔在序中赞赏有加，曰："吾今观公之诗，言近而旨远，词约而思深。写难状之景，如在目前；含不尽之意，见于言外。诚理蕴于心，而嘉言孔彰，炳炳琅琅，焜耀于后世者也。"

嘉靖十八年九月,策彦还特意对《城西联句》进行了装裱。

中土人士的序跋,难免有夸赞,但是,剔除这些水分,我们可以看到日本本土文化日趋成熟和昌盛之貌。在中日文化交流史上,这是值得重视的一个动向。

明末清初,日本开放长崎作为唯一的对外贸易港。中国商船驶往长崎出售货物日益频繁。据统计,明后期至南明时期,中国有600多艘商船赴日本从事贸易,其中就包括书籍和书画贩运。

至清前期,中国商船输入日本的图书依然十分可观。据统计,从1693年至1803年的110年间,共有43艘船输出图书到长崎港,出口图书达4781种。这其中,宁波与南京是两个主要的书籍输出地。

据《唐蛮货物账》记载:"1771年,到达长崎的中国商船共54艘,合计有6艘有书籍,即10号宁波船2箱,15号南京船93箱,19号宁波船4箱,35号南京船1箱,37号宁波船1箱,51号南京船40箱。"

当时有名的宁波商船"船头"有沈大成、朱克熙、林克书等。朱克熙在元禄八年至十七年间,先后10次往返于宁波与长崎之间。

近代以来,来华的西方传教士在宁波创办华花圣经书房,大量印刷、出版西方宗教、科学方面的著作和宗教普及册子、文化教科书等,汉籍东渐的速度加快。据统计,仅1840年至1855年的16年时间内,通过海上运往日本的书籍就达3407种。

1825年,浙商船"得泰"号事务长同日商笔谈时曾说:"我帮典籍虽富,迩年以来,装至长崎已十有八九。"

宁波出版的书籍在日本引起高度重视。如,1856年由宁波华花圣经书房出版的《地球说略》传到日本后,于1860年由箕作阮甫训点后立即刊行,在明治初年一度成为日本学校的世界地理教科书。美国传教士丁韪良翻译、宁波人张斯桂作序的《万国公法》,也是日本比中国更早接纳,并加以利用。

丝路书房

宁波不仅是汉籍东渐的出口港,也是出口书籍的重要产地。宁波不仅书藏古今,而且书传四海。

经由"海上书籍之路"向外传播的书籍中,很大一部分是宁波本地"生产"的。《日本现藏中国丛书初编》《日本藏宋要文集善本钩沉》等记载了16种由宁波刊印的不同时期的书籍。

宁波"出口"到日本的书籍中有很大的一部分是地方志。据日本《商船载来书目》和《各省方志持渡年表》记载,宁波地区的地方志《宁波府志》、《慈溪县志》、《奉化县志》、《象山县志》和《定海县志》等,在日本都有传播;《民国鄞县通志》所记载的四明高僧29人及其106种著作、诗文,在《日本弘教藏经目》和《续日本藏经目》中也都有记载。

明清时期,宁波刊印的部分书籍随着贸易商船东传到日本,其中有张时彻的《芝圆定集》、王作萧的《增释南阳活人书》、万红的《小学集解六卷》、王应麟的《困学记闻》等。日本藏宁波刊刻的书籍,见证了历史上宁波书籍在海外的影响力。

宁波书籍的广泛外传,得益于宋以来宁波刻书业和印刷业的发展。

北宋印刷术的变革成功,促进了印刷刻书业的发展。南宋时浙江印刷业位居全国第一,"自古刊版之盛,未有吾浙者"。此时庆元府的刻书业蓬勃兴起,成为当时全国的刻书中心之一,官刻书、坊刻书和私家刻书都超过前代。

南宋庆元府的官刻本遍及四明各个地区,有浙东茶盐司本、浙东路安抚使本、明州本、庆元府刊本。而且刻印数量较大。

据记载，宝庆年间（1225年—1227年）庆元府所刻书有《四明尊尧集》《通鉴要览》《太极图经》《洪范讲义》等28种。其中《通鉴要览》刻550板，《崔宫教文集》438板，《四明续志》330板，《斑马字类》250板，《续书法》230板，仅这5种刻本就达1798板。

南宋时，私家刻印开始兴起。绍兴三十二年（1162年），奉化县参政大师王庆曾和其子王伯序刻印了不少书。今存王公祠堂刻本8册，质量较高。

明代朝廷重视图书出版，废除了元时书籍刊刻须经批准的手续，宁波刻书业进一步发展。据周弘祖《古今书刻》记录，当时宁波府刻印的书籍有《汉隽》《清容居士文集》《四明文献志》等24种，仅次于杭州府，刊印图书数量位居全省第二。

明后期，私家刻书十分兴盛。余姚闻人诠刊刻的《阳明先生文集》《旧唐书》等也是世所公认的明刻精品。不少书籍还有刻工的署名。比如，《关氏易传》一书版心下镌有"余姚王以道刻"一行。

慈溪人冯元冲的天益山书墨所出精良，名闻天下，所刊刻的多为前人未刻书及米芾、赵孟𫖯诸家墨迹，海贾客商将书销售国外，吸引了不少海外学者。

天一阁更是浙东刻书的佼佼者。其所刻的书中至少记有40名刻工的姓名。其中《司马温公稽古录》一书的刻工多达25人，可见当时天一阁刻书的规模。

嘉靖年间，天一阁主人范钦刻印书籍30余种，其中20种经他亲自校订，称为《范氏奇书》。《范氏奇书》在日本各地均有收藏，成为宁波书籍外传的一个有力见证。

明洪武二年实行"海禁"，规定只有宁波港可以接纳日本勘合贸易船，日本使团只能在宁波登陆，宁波港更是成为中国书籍向外输出的主要港口。

这一时期，宁波已经出现了面向日本市场的书商和商船，并

图② 天一阁大门

且出现了面向日本的专业书肆。书籍的经营者往往了解日方的需求,掌握国内图书的刊印信息,精通书籍的内容,与刻坊或书肆有密切的联系。

"海上书籍之路"的交流是双向的。一方面大量中国书籍东传,促进了日本、高丽、越南等国文化的发展,而一些日本人、高丽人刻印、撰写的汉文书籍,也沿着同一通道回流至中国。

以"入唐八大家"之一的最澄大师为例,由明州官府颁发的公牒(即《明州牒》)上,清楚地记录了他在明州入唐时,随身携带了不少中国的书籍。

又如,五代十国的吴越国第五代王钱俶,笃信佛教,因吴越寺院保存的《法华经》经疏已残缺不全,于是他花五百两黄金托人到日本求写,运回杭州,这可能是最早从日本进口的图书。

北宋元祐二年(1087年),高丽僧义天在明州入宋。在宋期间,义天"遍历丛林,传法授道",除了学习佛教教义外,他还收集了佛经章疏3000多卷,回国时带去雕版刊印。后来根据义天带回去的佛经资料,编了一部《新编诸宗教藏总录》,其中收书1000部,计4700多卷,按目录镂版刊刻,并以《华严经》180卷

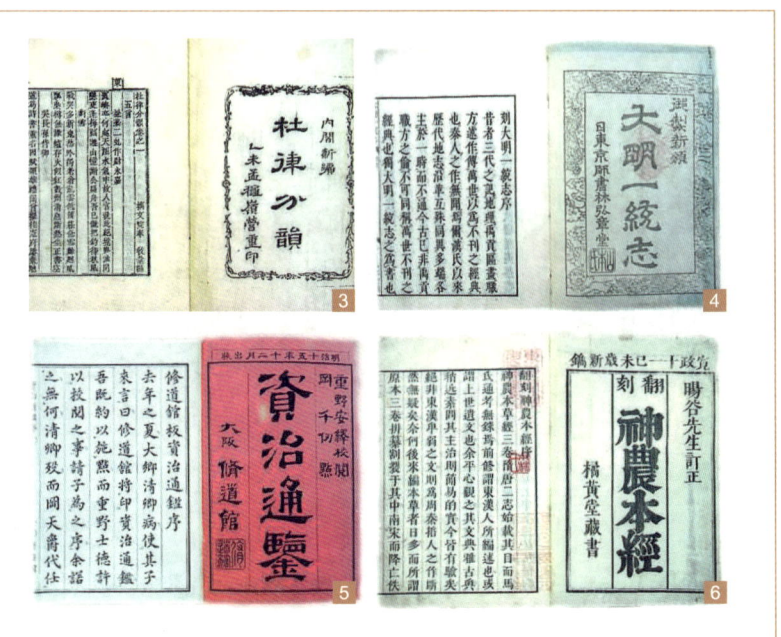

图③ 高丽刻本《杜律分韵》
图④ 和刻本《大明一统志》
图⑤ 和刻本《资治通鉴》
图⑥ 和刻本《神农本经》

寄赠钱塘慧因寺（俗称高丽寺，即今净慈寺）。

朝鲜输入的书籍，纸张纯正，质地精良，深受明人喜爱。明朝宁波著名文人屠隆大为赞颂："高丽纸以绵茧造成，色白如绫，坚韧如帛，用以书写，发墨可爱。此中国所无，亦奇品也。"

宁波私人藏书自古兴盛。在宁波历代的私人藏书楼中，收集与保存了不少"和刻本"。所谓"和刻本"，就是由日本人编撰、翻刻的中国书籍。"和刻本"、"高丽刻本"与越南翻刻的"安南本"，是中国古代典籍在海外传播与保存的特殊载体，具有重要的文献价值与文化意义。

据民国《鄞县通志》记载，张之铭的古欢室、曹炳章的集古阁、孙家溎的蜗寄庐、朱鼎煦的别宥斋、冯贞群的伏跗室，以及杨容林的清防阁、孙定观的樵斋等藏书楼，均不同程度收集了"和刻本"。这些藏书在20世纪六七十年代陆续捐赠给国家，集中保存在天一阁，总数在100种以上。

天一阁所藏的"和刻本"以日本江户时代中期以后翻印、刊刻出版的书籍为主。在江户时代200多年的时间里，"海上书

图⑦ 雪隐天一阁

籍之路"从未间断过。当时中国书籍流向日本的数量达到惊人的程度。这些书籍在日本翻刻后,一部分又沿着"海上书籍之路"回到中国。

除传统的经、史、子、集外,天一阁还藏有不少介绍日本的地理、人文历史、地图、日本名家著作之类的书籍。如中国近代诗人王遵宪介绍日本人文历史的《日本国志》、刘崇杰翻译的1907年商务印书馆出版的《日本法规大全》、野村浩一的《西洋史》等。

"沙漠,驼队,西方,夕阳西下,背负的是鲜艳的丝绸,这是古代的丝绸之路;大海,船队,东方,旭日东升,运载的是飘香的书籍,这是古代的书籍之路。"

王勇教授对"海上书籍之路",有着与对"陆上丝绸之路"同样的浪漫情怀。他认为,中西交流主要体现在以"丝绸之路"为代表的物质文明层面,而中日交流则主要体现在以"书籍"为媒介的精神文明层面。

书籍所代表的精神交流,不同于丝绸、陶瓷、香料等所代表的物质交换,"如果说丝绸是中华物质文明的象征,那么书籍则凝聚着更多的中华文明的精神创意,因而具有强大的再生机能,可以超越时空惠及后代"。

如今,中国输往日本的丝绸、陶瓷等物,大多化为灰烬或深埋在地底下,已然腐朽而不堪穿用。然而,当年遣唐使携归的佛经、典籍,经过移植、吸收和改造,与日本文化元素相融合,已经沉积为日本文化的基因,直到今天依然是日本民族智慧的源泉。

这样的分析自然是正确的。但我们难以产生历史的浪漫主义,相反却有一股悲哀袭上心头。

时至今日,很多我们鼎盛时期的物质文明、民族文化,只能在他国才能找到。有些已被发挥到极致,成为别人的国粹,如日本茶道,如韩国礼仪;有些被完整地保存在他国的博物馆里,如精致的唐绫宋瓷,如大量的典籍善本。

当代德国历史学家耶格尔(Friedrich Jaeger)曾意味深长地指出:历史意识并非只瞄向过去,历史恰恰是为了未来而回顾往事。历史具有人的时间意识的双重意向延伸,一是经历和期待的延伸,二是保留和要求的延伸。

因此,面对历史,光是悲哀其实也是可耻的。看看现实,同样的历史依然在延续着。也许我们应该问问自己:该做些什么,才能无愧于我们曾经绚烂的文明?如果我们有警醒,如果能用历史来观照现实,让我们看得更为清醒,那么,对历史的回顾就有了意义。希望如此。

【八】　扶桑国里云

世路艰危别故人，
相看握手不知频。
今朝宿露亭前客，
明日扶桑国里云。

这是天童寺僧人无学祖元在东渡日本时吟诵的一首《离别诗》。面对遥远的路途、陌生的国度，祖元禅师的心境是苍凉的。他把自己比作一朵云，但他还是义无反顾地踏上了东渡的行程。

中日文化的交流，最初主要是由僧人完成的。尤其是在佛教兴盛的唐宋时期，僧侣成为两国文化交流的主要担当者。

一方面是日本留学僧横跨东海取经求法，另一方面是中土高僧大德远渡重洋传教弘法。中日文化出现了以佛教为纽带的特殊交流方式。

为了赴日弘法，这些僧人经历了常人难以想象的艰辛与困顿。他们被官府追捕，为同侪非难，置个人安危于度外，涉鲸波之险，在异国他乡忍受着难言的孤寂与磨难。

他们凭着一腔弘法的热情和宗教式的坚忍，在巨浪滔天的东海，踏出了一条文化之路，一条友谊之路。

我们无法想象他们所经历的一切。或许这是一种佛缘，或许出于一种使命，一种文化的使命。如果没有他们舍我地"送出去"，日本的文化也许将会出现不同的面目。

鉴真

唐天宝元年（742年），十年之期眼看要到了，荣睿和普照焦急万分。九年前，他们受日本奈良朝廷的委托，随第九次遣唐使船来到大唐，准备聘请高僧赴日传授戒律。

图① 鉴真

九年来,他们往返于洛阳、长安之间,一边学习戒律,一边拜谒名僧。其间,他们成功邀请到洛阳大福先寺的道璿前往日本,但还是未能打开局面。他们也曾拜访了长安几位颇孚众望的律学大师,但没有一人愿冒生死,远渡重洋。

正在此时,大安国寺僧人道航向他们推荐了自己的师父鉴真。荣睿和普照当即南下扬州,在大明寺拜见了鉴真大师,提出:"佛法东流至日本国,虽有其法而无传法人,愿大和上东游兴化。"

鉴真说:"昔日听说南岳慧思禅师寂化后,转生到了日本国,成为王子。王子笃信佛祖,兴隆佛法,济度众生。又听说,日本国有一位长屋王崇敬佛法,曾制作袈裟千件,每件绣有四句偈诗:山川异域,风月同天;寄诸佛子,共结来缘。托人把袈裟带到唐朝,分赠给众僧。以此看来,贵国确是佛法兴隆有缘之国。"

说到这里,鉴真转向底下的30多名弟子,问道:"有谁愿意答应远方客人的邀请,前往日本传法?"众弟子面面相觑,无人应对。沉默了好一会,弟子祥彦才打破了寂静:"彼国太远,生命难存;沧海淼漫,百无一至。人生难得,中国难生,进修未备,道果未克。"众弟子纷纷附和。

鉴真厉声说:"是为法事也,何惜生命!诸人不去,我即去耳!"听到年过半百的鉴真大师要亲自东渡弘法,弟子祥彦赶紧说:"大和上若去,彦亦随去。"道航、道兴、如海、思托等21人也同声表示,愿陪师父远涉重洋,东渡日本,弘扬佛法。

鉴真东渡属于日本人向他个人的私聘,当时海防严,唐朝不允许私人渡海出国。鉴真当时也并未向扬州地方官或朝廷申请,因此属私自出国,是不被允许的。

第一次东渡由于高丽僧如海的告发而夭折。四个月后,荣睿、普照等人从狱中获释,继续筹备东渡之事。他们用80贯钱买了一艘军船,采办了必需的粮食、药品、用具和文物书籍,还雇了18名水手,招募了85名工匠。

天宝二年(743年)十二月,鉴真一行从扬州出发。但出发不久,就在靠近长江入海口的狼沟浦(今江苏南通狼山)遇到飓风,船只破损,无法前行。

在下屿山(今嵊泗列岛的下川山)休整一个月后,待风向合适,鉴真一行再次起航。但刚刚行至乘名山(今嵊泗列岛的嵊山岛)附近,飓风又起,风急浪高,船只不幸触礁,船破沉海,船上的粮食、淡水等也沉入海底。船上人员慌乱爬上荒岛,在又冷又饿又渴中度过了三天。

直至第四日风平浪静,出海的渔民发现了他们,送来了淡水和大米。又过了五天,有巡海路过的官员前来询问情况,申报明州太守,派船把鉴真一行救出,安置到鄮县(今宁波)的阿育王寺住下。

鉴真此次东渡失败,主要有两个原因:一是忽略了对风向的掌握,选错了航海季节。鉴真选择由南线渡海去日本,应该是没有问题的。但为避官方查禁,选择在冬天东渡,由于东海上的季风在春夏多为西南风,秋冬多为东北风,在冬季由扬州、明州向东北的日本航行,常会遇到逆风,风险极大。二是东渡所用船只为军舟,军舟底狭,遇到暴风难以驾驶,容易翻船。

图② 阿育王寺舍利殿内供奉的鉴真像

鉴真一行的到来，受到阿育王寺僧众的盛情款待。休养一段时间后，僧徒、水手、工匠中有40多人不愿再参加东渡，先后离去。

经历了官府的追查和海上屡次的劫难，对鉴真来说，这是一段难得清静的日子。鉴真打坐、讲律之余，参拜阿育王塔，参观寺院周边的佛迹。

阿育王寺因阿育王塔而命名。据日人真人元开在鉴真圆寂17年后撰写的《唐大和上东征传》记载：

"其育王塔，是佛灭度后一百年时，有铁轮王，名阿育王，役使鬼神，建八万四千塔之一也。其塔非金非玉、非石非土、非铜非铁，紫乌色，刻镂非常。……上无露盘，中有悬钟，埋没地中，无能知者。唯有方基，高数仞，草棘蒙茸，罕有寻窥。"

书中还记载了寺院周边的佛迹："其鄮山东南岭石上，有佛右迹。东北小岩上，复有佛左迹，并长一尺四寸，前阔五寸八分，后阔四寸半，深三寸，千辐轮相，其印文分明显示。世传曰：迦叶佛之迹也。"

更为有意思的是对护塔鱼菩萨的记述。"东方二里，路侧有圣井，深三尺计。清凉甘美，极雨不溢，极旱不涸。中有一鳞鱼，长一尺九寸，世传云'护塔菩萨'。有人以香花供养，有福者即见，无福者经年求不见。有人就井上造屋,至以七宝作材瓦,即从井中水涨流却。"

真人元开的这本传是三卷本《鉴真大和尚传》的缩写本,后者是随鉴真东渡的弟子思托所著。可见上书所记,实是鉴真和弟子亲历亲见。

但清静的日子并没过多久。鉴真东渡遇险、住在阿育王寺的消息,很快在浙东一带传开了,先是越州,后来杭州、湖州、宣州等地都来请他去宣讲律学、设坛授戒。

鉴真依次巡游,开讲授戒,之后又回到阿育王寺。

很快到了天宝三年(744年)深秋,鉴真到鄮县已快一年了。这期间他一刻没有忘记东渡的计划,暗地里积极做着准备。

当时,僧侣们纷纷劝说鉴真灭了东渡的念头,请他留在阿育王寺。在这种情况下,鉴真感到应该及早东渡。他与众弟子商议后,为防节外生枝,决定舍近求远,派法进等人先期去福州购买船只和粮食,自己随后以巡礼佛迹为名,前往福州会合。

当地僧侣发现鉴真仍在准备东渡,就到越州府告发,说两个日本留学僧人诱骗鉴真欲往日本。越州府立刻派人前往捉拿,普照逃脱,荣睿被捕,后被递解长安。途经杭州时,荣睿重病不能行。正好龙兴寺有一名僧人病故,方丈便禀报太守说日本僧人已病故,荣睿就乔装改扮后回到阿育王寺。第三次东渡就此作罢。

天宝三年(744年)冬天,准备工作基本完成,鉴真便以到天台山国清寺礼佛为名,告别阿育王寺率众南下。

临走前,鉴真率祥彦、荣睿、普照、思托等三十多位弟子,最后一次参拜阿育王塔,供养圣井护塔鱼菩萨。僧徒父老依依送别,明州太守还专门送来粮食。

鉴真携带着阿育王塔样金铜塔一具,由白社村向天台进发。当晚在宁海白泉寺过夜。白泉寺即白水庵,遗址在今宁海

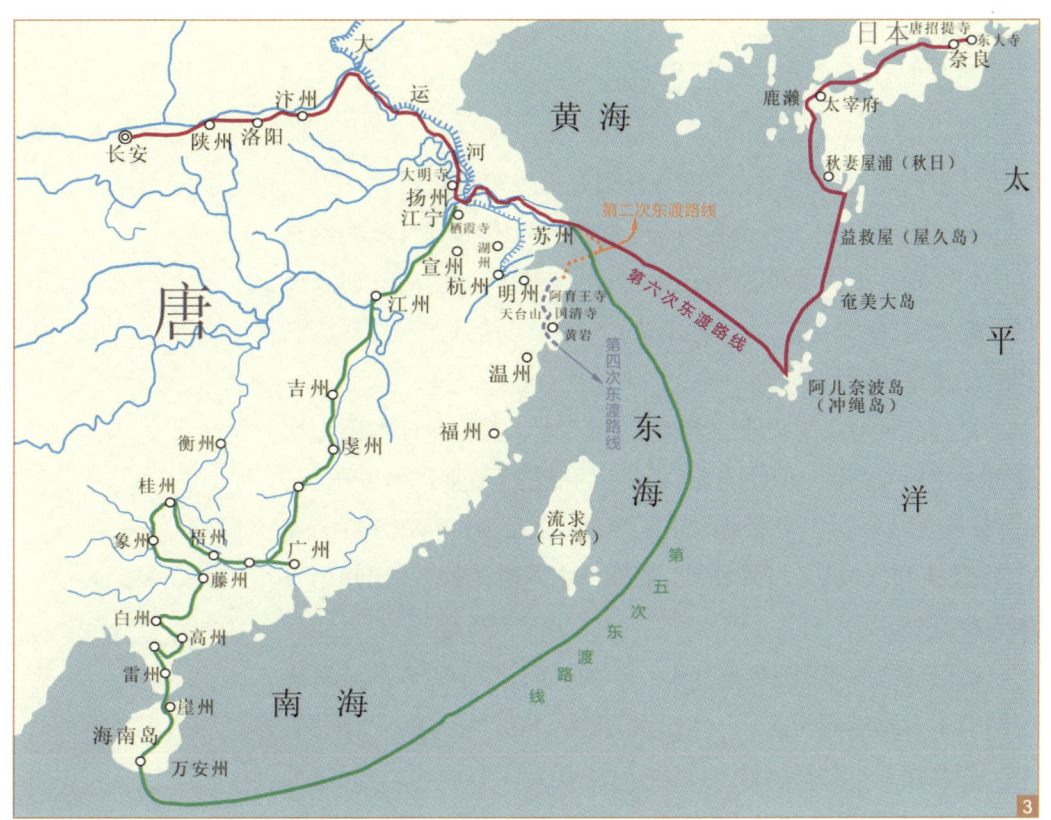

图③ 鉴真东渡路线图

港头村。

　　第二天用斋后,翻越山岭。时值隆冬,寒风呼啸,飞雪迷眼,岭峻途远,涧水没膝,一行人走得很是艰苦,以致"诸人泣泪"。直至第三天日暮,才到达天台国清寺。

　　正当他们继续从黄岩出发向温州进发时,被闻讯赶来的官府追到,把鉴真等人押回扬州。第四次东渡就此失败。

　　这次失败竟然起因于鉴真的高足灵祐。原来灵祐等不希望鉴真冒险东渡,出于对师父的爱护,联名申告官府,由官府出面劝阻。鉴真知悉后对灵祐极为不满。灵祐为表悔过,每夜在师父门外从一更站到五更,一连站了60天,最后才得到师父的谅解。

　　第五次东渡还是因为风浪失败了,船在海上漂流了16天,才在海南三亚上岸。在海南停留一年后,鉴真前往广州等待机会。经韶州时,普照辞去,重返鄮县阿育王寺等待时机。

天宝十年(751年)金秋时节,在广州没有等到日船的鉴真又回到了扬州城。在外漂泊三年,当年身强体壮的高僧,而今已是弓腰弯背、眼窝深陷、双目失明的老人了。其时,荣睿、祥彦已相继在路途中病故。

又过了两年,天宝十二年(753年)十二月,在日本第十次遣唐大使藤原清河、副使吉备真备等的掩护下,鉴真率思托、法进、普照、义净等17名僧侣、21名工匠,以及30多种、500余卷(部)经疏和佛像、药材等物品,乘坐日本遣唐使船,从扬州出发第六次赴日。

历经五次失败,耗费整整十一年的时间,六十六岁的鉴真终于踏上了日本的国土。

鉴真在日本弘扬佛法,传律授戒,奠定了日本律宗的基础,改变了日本佛教的面貌,成为日本佛教律宗的开山祖,被奉为"扶桑律宗太祖"。

鉴真还将中国的建筑、医学等文化传播到一衣带水的邻邦。鉴真在奈良东大寺建造了戒坛院和唐禅院。后来又设计、建造了唐招提寺,其中的金堂取范于唐朝律寺的造型,被认为是日本天平时代最为精美的建筑。鉴真还采用干漆夹造像法,塑造了金堂内的卢舍那佛坐像,这是日本现存干漆夹雕像中最大、最宏伟的一尊坐像。鉴真为日本文化的发展作出了杰出的贡献,被誉为日本的"文化恩人"。

日本天平宝字七年(763年)五月六日,在日本生活了十年后,鉴真圆寂,圆寂时面朝大唐的方向。一代大师安静地长眠在唐招提寺内一个河流环绕、松柏常青的小岛上。

道隆

南宋淳祐六年（1246年）三月末，日本商船肥前、八幡二船来到明州港，停泊在三江口的来远亭（今江厦公园）。天童禅寺的接引僧人兰溪道隆来到浮桥头，向水手询问日本佛教情况。忽然，旁边过来一个高大的僧人，目光灼灼，对着道隆说："师缘在东方，时已至矣。"说完，又消失了。

似乎是冥冥之中的召唤，兰溪道隆，这位三十三岁的僧人下了最后的决定。这年秋天，当日本商船起航回国时，他带着弟子义翁绍仁、龙江德宣等数人，从明州港出发，东渡扶桑去了日本。

这是日本史籍中记载的一则传说。兰溪东渡的缘由，史籍中还有这样的记载：道隆曾多次梦见土地神祠山大帝暗示他与日本有缘，使他早就存有赴日之志。

自然，这也是后世的附会之说。

道隆赴日的直接动机，实际上源于他对赴日传禅的兴趣。

兰溪道隆不是明州人，南宋嘉定元年（1213年）生于四川兰溪邑，俗姓冉。十三岁，在成都大慈寺出家，法名道隆，因籍贯而号兰溪。二十岁左右，道隆离开成都，游历江浙一带求法，历参无准师范、痴绝道冲、北涧居简等。后师从苏州阳山无明慧性而开悟。开悟之后，他应聘前往明州天童山协助痴绝道冲禅师接引学人。

道隆师从过的无准师范、痴绝道冲和北涧居简诸大德，均与镰仓时期的日本禅林有着密切的关系，不仅常有日本僧人前来求法，同时也培养出众多赴日传法的弟子，如兀庵普宁、无学祖元、西磵子昙等。在日本僧人大量游学的江浙禅林中，道隆不可避免地受到影响，产生东渡弘法之念。

而在宋地求法的日僧月翁智镜（明观智镜）的邀请、劝导，最终坚定了道隆东渡的决心。智镜禅师与道隆交情颇深,常常向其介绍日本佛教"教说盛而禅宗乏"的状况,多次劝导他赴日传法。智镜的话深深打动了道隆的心。

道隆到日本后,历住几个寺院。日本宝治二年(1248年),在老友月翁智镜的介绍下,道隆由属于律宗的泉涌寺转往属于禅宗的镰仓寿福寺。当时的幕府执政北条时赖得知消息后大喜,将道隆迎到常乐寺。

次年,道隆在常乐寺建立僧堂,开创日本佛教史上最初的镰仓禅宗道场,后人评为"关东纯粹南宋风禅寺之首"。

日本建长元年(1249年),已皈依道隆的北条时赖,发愿创建了日本第一所具有南宋风格的纯粹禅宗道场——建长寺,迎请道隆开山任住持。

建长寺完工时,道隆作建长寺钟铭,署名曰:"建长禅寺住持宋沙门道隆",日本寺院从此有了禅寺之称。不久,深草天皇御赐此寺"大建长兴国禅寺"匾额,这是日本禅宗史上首个获得朝廷公认的临济禅寺。

建长寺由此成为临济正宗禅的发源地,成为镰仓时期武士的精神寄托。它的创建,在日本佛教史、文化史上都具有划时代的意义。

道隆在建长寺开堂说法,"东关学徒,奔凑伫听"。他在镰仓传禅十三年,受到幕府的优厚待遇。

其后,道隆应天皇之召赴京都建仁寺任住持。在建仁寺开山荣西忌辰时,道隆上堂说法,高唱一偈:"蜀地云高,扶桑水快,前身后身,一彩两赛。昔年今日,死而不亡,今日斯晨,在而不在。"表明欲承荣西之志,盛唱临济禅风的决心。道隆在建仁寺创建西来院,推动建仁寺由兼修禅向纯粹禅发展。在京都期间,道隆还应邀入宫,为后嵯峨天皇说法。

道隆在日本传禅的过程并不顺利。旧宗教势力的重重阻碍,

图④ 日本建长寺

使他心力交瘁,一度产生回国的念头。在北条时赖的极力挽留下,道隆才最终打消了这个念头。

时赖去世后,其子时宗尚年幼,无力独立执政。道隆弘禅面临更大的困难。终于,被谗言中伤两度遭流放。道隆安然处之,他说:"我为弘法来于日国,仅得周旋皇畿,未遑遐陬。今罹谗至此,龙天岂有意于斯乎?"他认为,自己东渡来日的目的就是弘法,以前只周旋于京都重地,没能到偏远之地传教,现在正好有这个机会。

他在流放地甲州、信州及松奥等地先后创建二十余寺,安心弘法。被赦后,时宗将他迎回镰仓,并执弟子礼,先后请他住持寿福寺、建长寺等寺院。

北条时宗准备另建一座大寺。一日相偕出于郊外,道隆指着一处地方说:"此地宜建梵刹。"锄地三下,插茎而归。

但道隆没能看到圆觉寺的开工。1278年7月初,身体已有微疾。至二十四日,道隆沐浴更衣,书偈曰:"用黶睛术,三十余年。打翻筋斗,地转天旋。"辞众而寂,享年六十六岁。火化后有舍利出现。后来宇多天皇赐谥"大觉禅师",这是日本"禅师"谥号之始。

兰溪道隆赴日,最突出的贡献是将纯粹的南宋临济禅传入日本。兰溪道隆开创的以建长寺为核心的"大觉流",与荣西及建仁寺法系的"千光流"、圆尔辨圆及东福寺为核心的"圣一流"等一起,形成日本禅的十四个流派。道隆还将宋学等宋朝文化传播到日本,促进了宋日文化的交流以及日本文化的发展。

道隆远渡扶桑,弘传临济正宗禅三十余载,其间经历了种种挫折,历尽艰辛,甚至蒙受莫须有罪名而遭流放,可谓难行、苦行。但他不屈不挠,弘毅坚忍,终于奠定了日本禅宗独立的地位。

祖元

南宋德祐二年(1276年)二月的一天,一队手持大刀的元兵闯入雁荡山能仁寺。寺内早已空空荡荡,只有一名禅师端坐在蒲团上一动不动,仿佛面前的元兵压根不存在。

元兵头领勃然大怒,拔刀架在了禅师的脖子上。禅师神色自若,颂唱一偈:

> 乾坤无地卓孤筇,
> 且喜人空法亦空。
> 珍重大元三尺剑,
> 电光影里斩春风。

元兵为禅师的道力所慑,气焰顿消,灰溜溜地走了。

这就是著名的"临剑颂"。而这位禅师就是无学祖元,时年

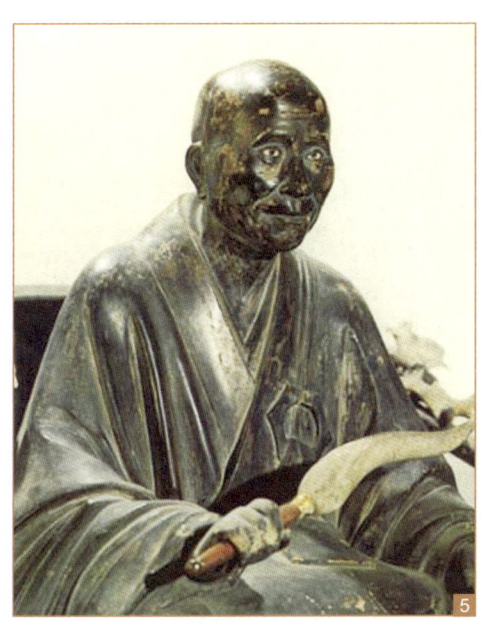

五十一岁。面对屠刀,祖元禅师表现了看破生死执着的平静心境。这则"临剑颂"后在日本广为流传。

以佛心化解杀戮,也只有悟道的高僧才能做到。

无学祖元,南宋宝庆二年(1226年)出生于庆元府鄞县翔凤乡(今宁波市鄞州区塘溪镇、咸祥镇一带)一许姓大族。从小沉毅寡言,志趣近禅。十二岁时,随父游山寺,听到僧人诵"竹影扫阶尘不动,月穿波底水无痕"之句,殊有警省,"已无在俗之意"。

因丧父,十三岁的祖元赴临安净慈寺。冬十月,随住持北涧居简祝发,受具足戒,法讳"子元",后自称"祖元"。嗣后入径山寺,师无准师范禅师,参究"狗子无佛性"话,连续五六年不出堂,得临济禅法真谛。在径山寺,祖元与圆尔辨圆等日僧结识。

无准圆寂后,祖元遍参灵隐寺石溪心月、阿育王寺偃溪广闻、鹫峰庵虚堂智愚等临济名僧。1263年,因罗季庄之请,出任东钱湖白云寺住持,时年三十七岁。七年后,为母亲送了终,祖元重返杭州灵隐寺,任灵隐第二座。其后,又应请住持如州真如寺七年。因元兵南下,祖元避乱瑞安能仁寺。

图⑤ 无学祖元
图⑥ 北条时宗

1277年,五十二岁的祖元回到天童山景德禅寺,在住持环溪惟一手下任首座,为众僧说法,名声日益高涨。

1279年,日本幕府执政北条时宗遣僧人德诠、宗英携其请帖入宋,邀请有道高僧赴日住持建长寺,弘扬禅法。五月,德诠、宗英来到天童寺。

之所以选择天童,是因为天童名列五山,在日僧中享有崇高的威望。还有两个因素:天童寺是刚去世不久的建长寺住持兰溪道隆挂锡多年的地方,道隆就是从这里出发赴日的;此前一年,游历日本八年的西涧子昙回到其出国前挂褡的天童寺,被环溪惟一委以藏主一职。

环溪惟一毫不犹豫地向日方推荐了无学祖元,不仅因为他与祖元都是无准师范的弟子,更是出于他对祖元禅法的信任。

五月二十六日,祖元在德诠、宗英的陪伴下,离开了天童寺。僧众士俗,莫不垂泪而别。临行前,环溪惟一将无准师范的法衣授予祖元。

六月二日,祖元从庆元(今宁波)三江口登舟出海,东渡日本。同行的还有环溪惟一的弟子镜堂觉圆,弟子梵光、一镜等。

抵达日本后,祖元受到北条时宗的隆遇,时宗"执弟子礼"以待。祖元先是住在镰仓的建长寺,1282年,圆觉寺建成,祖元被时宗任命为圆觉寺开山住持。祖元按照天童寺模式修建了舍利殿等殿堂。

祖元赴日之际,正是元朝与日本交恶之时。1274年元日第一战,因遇风暴,以元朝失败告终。

出于对宋朝亡国之痛以及元军野蛮杀掠之恨,祖元反对蒙古军队入侵日本。祖元抵达日本后不久,便预言蒙古军队即将入侵日本,在《锁口诀》中,他描述了"箭掷空鸣,风行尘起"的战争景象。

面对元朝多次遣使送书,希望日本臣服的要求,年轻气盛的时宗顶住了天皇的妥协态度,断然予以拒绝,接连杀掉了元朝派来的使者。

对铁骑所向披靡的大元敢于如此顶撞,是谁给北条时宗吃了定心丸,使他有了豹子胆？原来他的信心和勇气来自于祖元禅师的鼓舞。

日本弘安四年(1281年)正月,在元朝、日本、高丽之间的"弘安之役"爆发前夕,身为平帅的时宗忧心忡忡,前来谒见祖元,向禅师讨教如何克服怯弱。《佛光国师语录》记录了这段对话：

时宗："人皆谓怯弱乃一生之大敌,试问如何方能避之？"

佛光："即断切此病来处。"

时宗："此病来自何处？"

佛光："即来自汝自身。"

时宗："怯弱于诸病之中乃吾最憎之事,如何来自吾自身？"

佛光："汝投弃自执为时宗之我,汝有何觉？当汝成此之时,再来会余。"

时宗："如何能为之？"

佛光："即断切汝一切妄念思虑。"

时宗："如何能断切吾之种种虑念？"

佛光随手书赠"莫烦恼"三个字,鼓励时宗坚定抗敌之志,增强必胜之心。并为时宗祈祷,祈求佛祖佑庇。

弘安四年(1281年)五月,忽必烈命令蒙、汉、高丽军四万人组成东路军,乘战船900艘,从高丽合浦进军日本；六月,又命江南军共十万人,分乘4000余艘战舰,自庆元出发,夹攻日本。

当时宗得知蒙古人已渡过筑紫海面即将攻到时,他来到佛光国师祖元面前,心事重重地说："吾生涯之一大事终已来临！"

佛光问："如何是汝抗敌之策？"

时宗振起神威,大吼一声："喝！"这一吼,仿佛要喝退眼前

云集的元兵。

佛光大为高兴,赞曰:"真狮子儿,能狮子吼!"

七月二十七日,元军江南军与东路军在鹰岛海域会合,大规模的登陆战打响。正当元军准备继续推进的时候,八月一日,灾难突然降临。据日本《镇西要略》记载,一时"暴风大扇,洪波滔天,烟飞云不敛,雷雨如暗夜",元军4000多艘战舰在飓风中互相撞击,大部分沉没,只剩下200余艘。日军趁机反攻,元军损失惨重。最后,只有十分之二三的士兵侥幸生还。

元军舰队不攻自破,日本糊里糊涂地胜利了。这次战役日本人骄傲地称为"弘安之役"。

祖元对以时宗为代表的日本武士的教化,对镰仓时代武家文化产生了重大影响,起到了稳定局面、树立信心的重要精神支柱作用,为日本抗元战争的最后顺利奠定了思想基础。时宗长期师事祖元参禅锤炼起来的佛教信仰的定力,为他提供了强有力的精神武器。

当然,时宗的自信还来自他继承了"中华"正统的自信。早在奈良时代日本就接受了中国的"华夷思想",养成了日本的"小中华"意识。在幕府和武士的心目中,蒙古帝国不过是蛮夷而已,岂能与久受中华文明熏陶的日本相提并论?

图⑦ 竹崎季长绘《蒙古袭来绘词》(局部)

祖元虽然支持日本的抗元战争,但他一律祈求阵亡者灵魂早获解脱。他在祈求冥福的法语中说:"前岁及往古,此军与他军,战死与溺水,万众无归魂,唯愿速救拔,皆将超苦海。法界了无差,怨亲悉平等。"

与棒喝齐施的临济传统家风不同,祖元传授禅法,细致入微、生动形象,如同老妇人一样苦口婆心,深受日本禅林的喜爱,被日本人称为"老婆禅"。

面对日本盛行的看语录和参究"话头"的"看话禅"风气,祖元的"老婆禅"号召参禅者放下公案,"参取自己",达到觉悟境界:"我要请人立地成就自己大事因缘,令佛祖之道不绝。所以再三相劝:未看者须看,看久者放下。"

祖元根据自己的亲身经历,教育日本弟子:"老僧十四岁上径山,十七岁发心,参狗子无佛性话,自期一年要了当,竟无所解……遍天遍地,只是一个无字。"后来终于悟道:"我眼我心,即是法身。"

祖元认为人人具有佛性,它存在于日常生活之中,"此性不离汝日用之间",强调参禅求道应当从日常事务和生活着手:"只向应接事物,区别是非处,治生产业处,折旋俯仰处,拈碗举箸处……著一眼自看,如此变化者是什么物?此物从何而来?

百年之后,又向何处去?"

祖元在日本期间,极受日本高僧和社会各阶层人士爱戴。曾赴宋求法的日僧一翁院豪,虽年过七旬,仍慕祖元盛名,特意从长野赶到镰仓,向祖元参学。院豪还向祖元举荐了一位才华出众的年轻禅僧,这位禅僧后来成为祖元的法嗣,为关东禅林的扩展奠定了基础,引领祖元开创的佛光派走向兴隆。他就是后嵯峨天皇皇子——高峰显日。

祖元原打算在日本传法"三两年便回",但因中国局势不稳,加上幕府执政再三挽留,最终留了下来。祖元身在日本,心中思恋海天茫茫的故土,盼望自己能埋骨天童太白山。他在一首《思乡诗》中吟道:"故园望断碧天长,那更衰龄近夕阳。补报大朝心已毕,送归太白了残生。"

弘安七年(1284年)四月四日,时宗突然辞世。对于强调"须是人天与国王大臣主张及外护,方可以建立法幢"的祖元而言,犹如一座靠山轰然倒塌。当时天台、真言等旧佛教势力对禅宗传播的阻挠始终没有停止。更令祖元苦恼的是,日本佛教界的不思进取和纲纪混乱。悲伤、失落萦绕着祖元禅师。

在时宗火化法事时,祖元说:"老僧托公以了残生,不料先我一着而去。世相难期,空华易落。"不久,留下"哲人云亡,金汤吾法道者谁欤"的叹息,祖元黯然离开圆觉寺,重归建长寺,"缁素遮道,固留不可"。

两年后,弘安九年(1286年)八月祖元罹疾,九月三日书写遗嘱,示偈云:"诸佛凡夫同是幻,若求实相眼中埃。老僧舍利包天地,莫向空山拨冷灰。"又云:"来亦不前,去亦不后,百亿毛头狮子现,百亿毛头狮子吼。"书毕,溘然示寂,年六十一。

祖元圆寂后,被追谥为"佛光禅师",光严天皇又追号"圆满常照国师",并请工匠雕刻了一座高1.5米的坐像,至今仍保存在圆觉寺内。

图⑧ 圆觉寺图

　　祖元法系在日本古代禅宗二十四派中被称为佛光派,在日本临济宗十四派中,圆觉寺派奉祖元为开山祖师。佛光派是日本镰仓末期和室町时期最有影响的禅宗派别之一,是日本五山禅林的主流派别。

　　佛教尤其是禅宗思想深深地浸润到日本人的生活中,对日本文化乃至日本人性格的形成产生了深刻的影响。这一切,离不开那些不畏艰险、东渡扶桑传教弘法的中国僧人的辛劳。

他们不仅带去了佛教思想、禅宗戒律,而且带去了大量的中国典籍、书法、绘画等文化艺术,和建筑、石刻、陶瓷、医药等行业的人才,这些文化艺术代代相传,对日本民族的文化和精神生活产生了不可估量的深远影响。

从这个意义上讲,他们——这些东渡的僧人、禅师,在历史上留下了深深的足迹,足令千百年之后的我们敬仰备至。

【九】

风从明州来

在古代，中日之间有过三次文化交流的高潮。唐代是第一次，南宋是第二次，明代是第三次。

唐与明两次文化交流均是以官方的遣唐使、遣明使的形式进行的。而宋元时期，中日没有正式建立国交，文化交流则是以民间的形式进行的。

南宋时期，佛教极其兴盛，尤其是禅宗，经五代、北宋的发展，已达烂熟的地步，几乎成了南宋佛教的代名词。南宋禅宗以临济宗和曹洞宗为最流行。

当时，日本佛教开始进入民族化时期，创立了镰仓新佛教。在政治上，武士阶层登上历史舞台，逐步在社会政治领域占据支配地位，以天皇为首的日本朝廷名存实亡。

为南宋文化所吸引，尤其是在有"武家栋梁"之称的平清盛门户开放政策的鼓励下，中日之间商船往来出现前所未有的频繁景象。大量日本僧侣随船来宋，中日佛教交流又开始走向兴盛。

以佛教为桥梁，两国文化交流出现了堪与唐代媲美的盛况。据日本夏本涉先生研究，南宋时有 300 余名日僧入宋。

禅宗传入日本，是南宋中日文化交流最重要的内容。随着禅宗的东渐，宋代理学和其他文化也源源不断地流传到了日本，对镰仓时代及其后世日本文化产生了广泛而深刻的影响。

宋室南渡后，宋朝的政治、文化中心随之南移，禅宗寺院多集中在江南一带。加之江北为金人占领，日本留学僧便转向江南，求学于江南的各寺院。

明州作为南宋最重要的对外门户，自日僧重源起始，继之以荣西、道元、心地觉心、圆尔辨圆等，日本求法僧纷至沓来。他们回国后开创了日本禅宗的新局面，同时也把南宋文化大量移植到日本。

在这持续近百年之久的文化输出的高峰期，明州的建筑、营

造、雕刻等文化也随之传到日本,并为日本东大寺的复兴作出了不可磨灭的贡献。

明州工匠陈和卿等在日十多年,完成东大寺修复后,有的仍留在日本,致力于传播明州文化,在日本民族文化中融入了明州元素,在日本兴起了一阵明州风。

重源助修舍利殿

1166年,日本京都醍醐寺俊乘房重源上人从高野山下山,来到博多(今属福冈),为入宋做准备。

第二年春季,东南季风起,47岁的重源乘博多商船渡海抵达明州。重源原计划先去朝拜五台山,到了明州,方知五台山为金人所占,遂取消了行程。

重源此次入宋是带了疑问来学习的,他拟了一些关于佛教的问题,致书明州郡,希望有道高僧能帮他解答这些疑难。不料无人出面应答,最后是栖心寺(今七塔寺)的一个维那(司寺中事务的知事)慷慨领命,一一予以解答。

一个维那即有如此佛理知识,这让重源佩服之至,对南宋和明州佛法产生了十分尊崇的第一印象。

图② 七塔寺

关于栖心寺维那的故事,未见于宁波地方史志和栖心寺寺志记载。但中国佛学名著《佛祖统计》卷四十七有一段较为详细的记载:

"乾道三年(1167)二月,日本遣使致书四明郡,庭问佛法大意,乞集名僧,付使发函读之,群将大集,缁衣皆畏缩,莫敢应命。栖心维那忻然而出曰,日本之书与中国同文,何足为疑,即揖太守褫封,读以爪掐其纸七处。读毕语使人曰,日本虽欲学文,不无疏谬。遂一一为析之,使惭惧而退。守踊跃大喜曰,天下维那也。"

在记载中,这件事似乎成了日本使者致书挑战,中国僧人应战,终于挫其锐锋的外交事件。在一部佛教著作中,出现对抗性如此浓烈的记述,实在是一个很有意思的现象。

其实,在当时佛教兴盛的明州,对于日僧的问题如果无人能答的话,确实也是一件尴尬甚至有辱国体的事。

栖心寺创建于唐大中十五年(861年),开山祖师为南岳禅

图③ 阿育王寺俯瞰图
图④ 阿育王寺舍利殿
图⑤ 阿育王寺舍利殿内部
图⑥ 阿育王寺舍利放光塔

宗第四世，天童寺第五代住持心镜藏奂禅师。明洪武二十年（1387年）奏请改"栖心寺"为"补陀寺"，清光绪二十一年（1895年），因门外建七浮图，俗呼七塔，由此又称"七塔报恩禅寺"。

重源与栖心维那交流后，前往参拜阿育王山，在那里，与日本名僧明庵荣西相遇，二人于是结伴同登天台山。

在阿育王寺，重源目睹了佛舍利的奇瑞和两次神变。归国后，他向最高执权九条兼实讲述了当时的奇异情形：

"谓阿育王山者，即彼王八万四千基塔之其一被安置彼山，佛塔四方皆削透云云。其上奉纳金塔，其上银塔，其上铜塔，如此重重被奉纳云云。佛舍利种种神变，或现丈六被摄之姿，或现小像，或现光明云云。此圣人两度奉礼神变。"

重源在阿育王寺体验到的佛舍利两度神变，一会儿现释迦牟尼丈六像，一会儿变现小像，倏忽又现神奇光明。

阿育王山信仰的兴盛景象也给重源留下了极为深刻的印象，据他讲述：宋朝人五百人、上千人一道三步一拜，参礼阿育王山。参拜舍利后，又齐唱释迦的宝号。

重源讲述的育王山舍利功德，深深影响了当时日本的上流社会。平清盛之子、权臣平重盛因此派人向阿育王寺布施砂金。日本著名的《平家物语》"金渡"记述了此事：

大臣（重盛）云："在我国，无论子孙是否有善根，都很难持续为先世荐福，而在中国，无论是否具善根，都会持续供养。"安元年间，召九州的船长妙典进京，重盛赐妙典砂金3500两，嘱咐："你是正直的人，赏你500两。你带3000两到宋朝，其中1000两供养育王山僧人，2000两献给皇帝，作为买田供养阿育王山之资。"

妙典来到宋朝，见到阿育王寺的住持佛照德光后说明来意，佛照非常高兴。宋朝皇帝听到平重盛的事后，很受感动，当下划出五百亩地供养阿育王寺。

图⑦ 歌川国芳绘《名高百勇传平重盛》

当时正值日本平氏与源氏两大武士集团争权，平重盛没有选择在日本的寺院，而是选择在中国的阿育王寺布施，似乎是预感到平氏不久将覆灭。将后世的冥福托付给中国的寺院而布施是极为稀有的事情，从这里可见阿育王山舍利信仰在日本的广泛传播。

后来平重盛在去世之前，还要求后辈继续供养阿育王寺。

作为对阿育王寺布施的回礼，当时的阿育王寺住持、大慧宗杲的法嗣拙庵德光（即佛照德光，自号拙庵）也回赠日本许多珍贵物品。其中特别有名的就是赠给平重盛的一只龙泉窑青瓷茶碗。这只茶碗现已成为日本重要的文化遗产。

阿育王寺还赠送了紫金佛舍利，平氏为此专门在大阪建造了法乐寺，以供奉舍利，并取号"紫金山"。

此外，还有一尊石刻地藏菩萨像、一个阿弥陀经石碑和一幅阿弥陀如来宝轴。石刻地藏菩萨像现藏福冈胜军地藏堂，阿弥陀经石碑寄存在福冈宗像神社。阿弥陀如来宝轴作为寺院的本尊，供奉在宫城县仙台市的西方寺。

阿育王山赠送的舍利、宝轴、佛像等传到日本，深受大众的

信仰。史书记载，镰仓幕府的第三代将军源实朝出于对阿育王寺的信仰，曾建造大船，准备亲自到中国去。史书《吾妻镜》记载曰：

"（1216年）六月十五日，晴。在御所召见陈和卿。陈和卿三拜之后，大哭。实朝不解其意，陈和卿回答：'将军前世是宋朝育王山的长老。那时我是将军的弟子。'"

源实朝曾在五年前梦见一高僧告诉他同样的事情。现在，明州来日的工匠陈和卿又提到同样的事情，使源实朝更加深信不疑。

"十一月二十四日，实朝相信自己前世居住在宋朝的阿育王寺，于是决心渡宋，命令陈和卿制造唐船，并组织了六十名随从人员，由朝光统率。对此，北条义时和大江广元虽然频频进谏，实朝仍不改初衷。"

日本建保五年（1217年）四月十七日，大船终于建成，被拖到了海边，但在试航时船遇风浪触礁沉没，源实朝最终未能实现自己的梦想。

但源实朝对阿育王山的向往一直没有停止。1219年，源实朝被杀后，他的后裔仍希望实现源实朝生前之愿。1223年，道元禅师入宋时曾专程到阿育王寺寻找源实朝埋骨之所。

图⑧ 源实朝

到了南宋淳祐十一年（1251年），日本法灯国师心地觉心入明州，携带源实朝的遗骨朝拜阿育王山乌石岙。乌石岙正是著名的阿育王舍利涌现处。"师（心地觉心）于此山，建一宇堂，安日本将军实朝遗骨于观音像肚内。"

心地觉心在阿育王寺住了三年，建立纳骨堂，供养源实朝的遗骨。

1167年秋，重源与荣西从天台山回到明州，正好有商船去日本，重源和荣西带着大批的文化典籍、书画、经像回到了日本。

在明州期间，重源的另一个重大收获是结识了明州著名的营造师、雕刻师、石匠陈和卿、陈佛寿、伊行末、六郎等人，为重源回到日本复兴东大寺埋下了伏笔。

重源归国后，得知阿育王寺的舍利殿毁坏日久，出于对他在明州期间佛学收获的报答，日本建久七年（1196年），重源捐赠山口县的木材，包括"金刚柱四根，虹梁一条，自刻木像二件及其他板木等"，运到明州，帮助重建阿育王寺舍利殿。

重源在晚年列举自己一生的善举时，把助修阿育王寺舍利殿一事也包括在其中。直至今日，阿育王寺的舍利殿还挂有称颂重源功绩的对联。

陈和卿复兴东大寺

日本治承四年（1180年）五月，平氏与源氏两个武士集团在奈良地区发生战争，致使东大寺、兴福寺、元兴寺等寺院被大火烧毁，千余军民丧生。

著名的东大寺毁坏严重，沦为一片废墟。宏伟的佛殿被焚毁，寺内原有的四百多年历史、世界上最大铜佛卢舍那铜佛头手落地，惨遭破坏。一时间，日本举国震惊，陷入哀伤之中。

9

10

日本天皇于是下诏商议复兴东大寺对策。第二年（1181），天皇诏命藤原行隆任建寺修佛官，敕命日本铸造师十余人，筹划复兴事宜。但日本铸师们表示无能为力，于是朝廷想到了曾经两度入宋的重源上人。

天皇敕命重源上人为东大寺"大劝进"，主管建寺铸佛资金募集和工程策划。重源到任后深感压力巨大，直到有一次梦见文殊菩萨现身，他才坚定了信念。

他最先想到的就是明州的工匠。于是重返明州，请到了明州营造师陈和卿、陈寿佛、伊行末、六郎等七位工匠。

陈和卿，南宋著名营造师，据邵启龙老先生考证，为鄞东横泾人，陈寿佛是其弟弟。

寿永元年（1182年）七月，陈和卿等在大佛殿废址前开始筹划大佛铸造事宜。

第二年（1183年）四月十九日，在重源与陈和卿的主持下，大佛头部铸造开始。陈和卿偕陈佛寿等七位宋朝工匠及十四位日本铸佛师参与修复。

据记载，陈和卿他们在大佛后筑一座山，山上设大炉三口，炉口宽一丈（3.3米），高一丈，炭火熊熊，熔炼铜汁时有雷电之声。偶有铜汁漏出，僧俗奔走消火。铸佛期间，还请了兴福寺别当觉慧法师诵经祝祷，前后共十四次。

寿永三年（1184年），平氏武士集团败走，源氏集团取得胜利，源赖朝被确立为首领。源赖朝以为这场胜利是神佛相助的结果，因而他向寺院捐黄金千两，赠米万石、绢千匹。

元历二年（1185年）大佛落成。开眼之前，重源将从明州带入的佛舍利纳入佛体。

大铜佛完成后，陈和卿又着手指挥明州工匠与日本工匠共同重建大东寺的大佛殿，开始了一系列艰苦卓绝的营造工程。

日本文治二年（1186年），白河法皇敕命在高野、伊贺、播

磨、渡边、备中等七处建造东大寺别所，作为建造东大寺的伐木、采石、取土烧窑的工程场所。从此重源与陈和卿往返于东大寺与各别所之间，指挥佛殿修复工作。

四年后，日本建久六年（1190年）十月十九日，东大寺大佛殿上梁。梁高52米，主梁直径1.5米。

又过了四年，大铜佛的背部铸成，陈和卿等偕日本造佛师定朝、运庆一起，合作在中门雕塑了四大天王及护法天王，并从中国明州鄞县小溪运来梅园石，雕刻成门前的一对石狮子。石狮子连座通高2.5米，前肢直立，后肢蹲踞，面向正前方，昂首挺胸，气象庄严而不失秀丽。

东大寺中门的这对石狮子，被认为是明州雕刻匠伊行末的杰作。

至此，东大寺带有日本风味的大佛样建筑群落基本成形。

图⑪ 日本东大寺地图

图⑫ 日本东大寺卢舍那大佛
图⑬ 日本东大寺石狮

1196年，大佛殿全部落成，源赖朝与数万兵士和民众参与了落成庆典。七十六岁的重源上人获"大和尚"赐号，陈和卿等明州工匠也受到了封赏。

此后，一些明州工匠渡海回到故乡，而陈和卿等则继续留在日本。其中伊行末定居博多，形成以伊氏为核心的石作集团，成为明州赴日工匠集团中影响最大的一支。后来，伊行末还负责雕刻了般若寺精美的十三重石塔。

1197年，重源和尚在东大寺别所兵库县建成净土堂，将从明州带来的《阿弥陀三圣经》请入。

1206年，86岁的重源大和尚终于完成了他近半个世纪对中国宋朝文化的移植，耗尽了最后的心血，安然圆寂。

之后，荣西和尚接任"大劝进"一职，继续按宋代格式建造了钟亭、七重塔及其他佛殿。

至于陈和卿，按邵启龙先生的考证，于南宋淳熙十六年（1198年）荣归故里，受到明州府的厚遇。凭着宽裕的经济条件，陈和卿在家乡横泾盖起了一座宅院，这就是现在留下的唯一带有日语意思的"界乡墅跟"。历经八百多年的风雨，原来的建筑已荡然无存,但地名一直沿用至今。

但据杨古城、曹厚德二先生的研究,1216年,镰仓幕府执权源实朝在一次接见陈和卿等工匠时,再次对明州工匠予以嘉奖。奖品中有源实朝征战时用过的甲胄、金鞍及马匹、金银和一块土地,但陈和卿等除了三匹马外,其余都施舍给了寺庙。可见当时陈和卿还留在日本。

[十]

佛国的流响

南宋时期是明州佛教最兴盛的时期。当时全国"五山十刹"中，明州就占了三座，分别是天童山景德禅寺、阿育王山广利禅寺和雪窦山资圣禅寺。

从南宋中期起，朝廷仅留明州一处为市舶司，明州成了唯一正规的入宋口岸；加上明州寺院高僧大德云集，日本僧人纷纷前来求学嗣法，明州因此成为中国向日本传播禅宗的重要发源地之一。其中尤以天童寺与阿育王寺对日本佛教有着举足轻重的影响。

天童寺始建于西晋，至唐代大中年间，为曹洞禅窟。南宋绍兴初年，宏智禅师主持天童寺30年，大修殿宇，内外鼎新，使天童寺成为声震东南的名刹，号称"东南佛国"，位列禅宗五山之第三。

步入天童寺，可感受到浓重的中日友好交往的历史气息。日本临济宗开创者明庵荣西和曹洞宗开山祖师希玄道元，无一不是与天童寺有着非同寻常的渊源。正是在天童寺得法获得印可后，两位日本高僧归国创立了日本的临济宗和曹洞宗。而日本"画僧"雪舟等杨作为遣明使入住天童，还被尊为"天童第一座"。

从天童寺还走出了一批东渡日本弘法的高僧，其中以寂圆智深、兰溪道隆、无学祖元、一山一宁最为著名。寂圆是道元在天童寺的同门师弟，继道元之后，寂圆东渡日本，在大野郡建宝庆寺（今大野寺），成为"日本曹洞宗第二道场"。兰溪道隆赴日建立的建长寺，成为日本临济正宗禅的发源地。无学祖元被幕府执政北条时宗奉为师尊，开创日本禅宗佛光派。元时赴日的一山一宁除弘扬佛法外，还传播南宋理学。他们以卓绝的贡献，获得日本天皇的敕命荣赐。

阿育王寺是中国唯一以阿育王命名的寺院。在阿育王寺历代的住持中，可谓大德云集。光宋时就有鼎鼎大名的真歇清了、

图① 天童寺
图② 阿育王寺
图③ 雪舟
图④ 雪舟《育王山色图》

大慧宗杲、拙庵德光、无准师范、物初大观、虚堂智愚、月江正印等禅师，由宋至明，许多日本禅僧慕名而至。这其中包括日本临济宗的心地觉心、雪舟等扬、了庵桂悟，曹洞宗的彻通义介、寒岩义尹等日本禅宗名僧。其中"佛日禅师"了庵桂悟87岁时，作为遣明正使入明，被任命为阿育王寺第101任住持，在禅宗丛林留下一段佳话。

对于日本禅宗，阿育王寺有着特别的意义，一个重要的原因是，阿育王寺是中国最重要的舍利信仰道场。自鉴真渡日把舍利信仰带到日本，后经重源鼓吹之后，舍利信仰已经超越国界，渗透到了日本各阶层民众的日常生活之中。直到现在，日本还留存着许多源于育王山信仰的寺院和佛像。

从历史的角度看，以天童寺、阿育王寺为代表的明州禅寺，对中日文化交流作出了不可磨灭的贡献，写下了厚重的一页。

明庵荣西

日本仁安三年（1168年）四月二十五日，二十八岁的明庵荣西乘商船由日本博多出发，抵达明州。

在阿育王山荣西邂逅之前入宋的日僧重源，遂相伴于五月上天台山巡礼灵山圣迹。六月十日，两人又一起回到阿育王山，瞻礼佛舍利。

据荣西自撰的《兴禅护国论》记述，在阿育王寺瞻礼佛舍利时，荣西"见舍利放光，感光明映彻，凡所历观处，灵应难测"，佛舍利的灵验让荣西感受到了内心巨大的震撼。

灵应之事接连不断。当年秋季，明州大旱，郡主请荣西祈雨。修法之间，荣西身发千光，遍达霄汉，顿时大雨滂沱，旱象顿除。宋孝宗闻之，特赐法号"千光法师"。

入宋五个月后，当年九月，荣西与重源同船返日。归日时携

回天台新章疏三十余部，共六十卷，以及天台时彦的书信，呈赠天台座主明云僧正，获得僧正的赞叹："实我国之光华也。"

日本文治三年（1187年）四月，四十七岁的荣西再度入宋，希望经由中国转赴印度。荣西由日本渡海到达临安，参见知府，奏明拟赴印度之意，但知府以"关塞不通"为由予以回绝。

荣西于是前往天台山，依止万年寺虚庵怀敞禅师学禅。虚庵禅师为临济宗黄龙派第八代嫡孙，堪称禅门耆老。虚庵为荣西二度入宋求法的虔诚所感动，以诗偈相赠："海外精兰特特来，青山迎我笑颜开。三生未丰梅花骨，石上寻思扫绿苔。"

不久，虚庵怀敞住持天童，荣西跟随禅师来到千年古刹天童寺，侍奉左右。据说，荣西在天童寺期间，居住在天王殿西侧的一间禅房。现在这间禅房犹存，禅房的门楣上写有"寂静云林"四字，明黄色的禅房，在苍松的掩映下显得格外古朴凝重。

荣西在天童寺追随虚庵禅师尽心钻研，参究佛法。四年后，1191年，荣西悟入心要，得到虚庵禅师的印可，继承临济宗正宗的禅法。

虚庵授予荣西菩萨戒及法衣、印书、钵、坐具、宝瓶、挂杖、白拂等法物，以及释迦牟尼佛以下二十八祖图，并嘱咐荣西应善加护持，归国布化，开示众生，承继法命。

图⑤ 相传荣西和尚住过的禅房

图⑥ 天童寺新建千佛塔

荣西由宋归日时,顺便带走了一些浙东的茶种,开始在日本大规模种茶。他还引进了宋朝禅院的茶风,撰写了《吃茶养生记》一书,推动了日本茶风的盛行,因此被尊为日本的"茶祖"。

日本建久六年(1195年),荣西在博多建立圣福寺,参禅者四方云集,声名远播,此为日本禅寺之始。建久九年(1198年),荣西撰《兴禅护国论》三卷,这是日本最早的禅书。在书中,荣西论述了禅对国家的重要性,以及佛法与王法的相依相关,主张佛法的至极即是禅,受到当时日本统治者的欢迎。

日本建仁二年(1202年),征夷大将军源赖家在京都创立建仁寺,授命荣西为开山祖师。翌年六月,荣西设置台、密、禅三宗兼学的道场,创立真言院和止观院,形成日本的临济宗。

日本建永元年(1206年)十月,荣西接替六月去世的重源,担任东大寺大劝进一职,负责东大寺的重修。荣西任此职十年,被认为是东大寺重修事业中至为重要的人物。

日本建保三年(1215年)夏,荣西示现微疾,午后,安详迁化,年七十五。

天童四年是荣西佛学生涯的转折点。荣西继承了临济正宗禅法,归国后兴禅布教,把中国的禅宗理论加以发挥,融汇天台宗、密宗、禅宗于一体,开创了日本的临济宗。临济宗是日本禅宗的最早宗派。因此,荣西可谓是日本禅宗的奠基人。

荣西和尚是个懂得感恩的有心人,他知道虚庵禅师一直想重建天童寺千佛阁。1193年,在回国两年后,荣西特地派人从日本运送优质木材到宁波,协助虚庵重建千佛阁,以报答天童寺的"摄受之恩"。百余根大木"挟大舶泛鲸波而至焉。千夫咸集,浮江蔽河,辇至山中"。这种报答之情穿越辽阔大洋,令几百年之后的我们犹感怀备至,泪眼婆娑。

三年之后,在天童寺放生池南侧,千佛阁终于建立起来。

阁七间,高为三层,横十四丈(合46.2米),高十二丈,深八十四尺,外开三门,高出云霄。南宋明州著名文人楼钥曾作《千佛阁记》,赞曰:

"大木交贯,坚致壮密,牢不可拔,上层又高七丈,举千佛居之,位置而势无不曲当,外檐三,内檐四……自下仰望,如见崑阆,梵呗磬钟,半空振响,徜徉登览,四山下瞰,河汉星斗,如在栏槛……高山云霄之上,真足以弹压山川,传示千古。"

可惜这座气势磅礴的楼阁仅存106年,在1299年时毁于一场火灾,只留下台基一块。

希玄道元

荣西圆寂后八年,其再传弟子希玄道元也来到天童山。

希玄道元,为荣西法嗣明全的弟子。日本贞应二年(宋嘉定十六年,公元1223年),道元随同师父明全入宋求法,时年24岁。

三月,他们从博多搭乘商船渡海,途中遭遇风暴,又罹疾病，一路异常辛苦。四月上旬抵达明州，因明全带有戒牒，明州府拒绝其上岸入境。他们只能以船为家，就近拜访一些寺庙。

在等待入宋的这段时间，与阿育王寺典座的一次邂逅，给他留下强烈的印象。

五月的一天，道元正在船里和人说话，一位年约六十的老僧来到船里，问他们买香菇。因为道元所乘的这只船是商船，船上装载了菌菇等很多日本土特产。

道元就请老僧到船里吃茶。老僧是阿育王寺典座，即寺庙中专管餐饮和后勤的僧职。在聊天中，老僧对道元说："学文字的人须知文字的本质，而从事弁道（修行）的人须把握修行的本质。"那么，什么是文字？什么是弁道？老僧道："文字即一、二、三、四、五。弁道则是遍法界不曾藏。"意思是，佛理非关文字，语录文字是有限的，而修行的道理遍及法界，存在于日常生活之中。

这是道元入宋求法之旅中第一次与中国禅的接触。这次相遇给道元以极大的冲击。"我能对文字是何、弁道是何，略知一二，端赖老典座之恩。"后来道元著《典座教训》，总结了在中国禅林所学，专门介绍了与阿育王寺老典座之间的谈话。

七月，道元等获准从明州上岸。他随明全来到天童禅寺，参拜无际了派禅师。两人首先到天童寺外山坡上，祭扫了祖师虚庵怀敞之墓。从此跟着无际了派修行。一年后，因无际了派禅师示寂，道元就离开天童山，云游各地寺院，寻访"正师"。

他沿着浙东运河，遍谒临安灵隐禅寺、净慈禅寺、径山万寿禅寺，接着相继游历了湖州道场山、新昌大佛寺，转道台州、温州，回到明州，又参拜了奉化雪窦寺、鄞县大梅山护圣禅寺、阿育王山广利禅寺等，始终无法如愿。

正当道元陷入绝望，打算归国之时，忽从一老僧处获悉如净禅师新任天童寺住持，于是抱着一线希望再登天童山。其时，其

师明全已不幸病逝于天童寺"了然寮"中。

如净,字长翁,俗姓俞,宁波人,为曹洞宗第十三代祖师。在拜谒如净禅师之前,道元撰呈《请愿文》,叙述自己十三岁发心修行以来的经历和入宋求法的目的。他写道:"道元,年幼发菩提心,在本国访道于诸师,仅识因果之所由……后入千光禅师(荣西)之室,初闻临济之宗风。今随全法师(明全)而入炎宋。航海万里,任幻身于波涛,遂达在大宋……无常迅速,生死事大,时不待人,去圣必悔。本师堂上和尚大禅师,大慈大悲,哀愍许听道元问法。伏翼慈照。小师道元百拜叩头上覆。"

图⑦ 道元
图⑧ 如净

如净看后，为道元求法之志所感动，遂复书："元子参问，不拘昼夜时候，著衣袒衣，而来方丈问道无妨。老僧一如亲父，许无礼也。"特例准许道元可随时上方丈室参问，这是一种奇大的礼遇。

宋宝庆元年（1225年）五月一日，道元在天童寺烧香礼拜如净禅师。如净指示道元曰："佛佛祖祖，面授法门乃现成也。是即灵山之拈华，嵩山之得髓也。只吾屋里，而余人梦也未有见闻也。"将自己与道元的见面，喻为释迦与迦叶、达摩与惠可的邂逅，对道元予以了高度评价。

而道元于如净也是一见即喜，十分投缘。按道元的话就是："面对先师，适逢其人也。"拜见如净禅师后，他说："参见了净禅师，一生参学之大事就在这里终结了。"

长翁如净提倡"默照禅"，主张只管打坐，不用烧香、礼拜、念佛、修忏、看经，强调身心脱落，以心传心，见心成佛。

天童古佛如净修行刻苦，爱惜光阴。晚间总是打坐到十一二时，早上自三时即开始打坐，如有盹睡的学人，即以拳打。他说："世间的帝王官吏，乃至田夫，皆是营营勤苦，如其入丛林学道者何得贪眠？生死事大，无常迅速，难测死于今夜明朝，于其有生之间当行佛法，否则佛法必衰。"

又说："我已经老了，本应退居而静养，为使各位破迷授导，不得已当住持接化各位，时出呵责之词，时行棒打，当受佛罪，但为代佛行仪，请诸兄弟慈悲原谅。"众僧听了无不流泪。

道元在如净指点下昼夜精勤、坐禅静观，逐渐进入"目横鼻直"的境界，眼能目测四方，鼻能挺直劲拔，躯体端正，心下无尘。

一夜，如净巡堂看见有一位僧人打坐睡觉，呵责道："参禅要身心脱落，岂能只管打坐睡觉？"道元在旁闻听，当场豁然开悟。

天明，道元入方丈烧香。如净问："你做什么？"道元答曰：

"身心脱落。"如净说："身心脱落，脱落身心。"道元说："这个是暂时歧路，和尚莫乱印证。"如净："我不乱印证。"道元："如何是和尚不乱印证？"如净说："脱落身心。"道元听后当下释然，得大无碍。

这是禅宗"一刹那间，妄念俱灭，指点顿悟法门"的要义所在。顿悟法门认为众生与佛的差别只在于一念之间的迷与悟。而"悟"是一种刹那间的转变，是顿然之悟。所谓"不悟，即佛是众生；一念悟时，众生是佛。故知万法尽在自心，何不从自心中顿见真如本性？"

某日用完斋饭，道元穿过东廊，在去禅房的途中，见到一位老典座，正在夏天的烈日下弯着腰，手携竹杖忙碌地翻晒干菜。道元上前与他攀谈，知道对方已经68岁了。于是问："典座年高，如何不使行者代劳？"回答是："他不是吾！"

在当时道元看来，佛道修行，是看经、参禅，而炊事之类的日常作务则与修行无关。从这件事道元体会到，老典座认真地把日常俗务当成佛事修行，正是"修中证，证中修"的典范。由此，道元后来写了一部《赴粥饭法》，力说日常作务对于修行之重要，深深地影响了日本人的日常生活。

道元师事如净第二年，即被定为嫡嗣。两年后，如净禅师授予道元佛祖正传之大戒，继承中国曹洞宗第十四代的正统，并获得六世祖芙蓉道楷所传的法衣、嗣书，以及始祖洞山良阶著的《宝镜三昧歌》《五位显诀》及自赞顶相等。

南宋宝庆三年（1227年）秋，道元手捧客死于宋土的明全遗骨，踏上了归国之途。

道元离开后第二年，如净示寂，年六十六，遗偈云："六十六年，罪犯弥天；打个崩跳，活陷黄泉。"

侍奉三年，长翁如净对道元的影响可谓深远。道元后来说："弟子如良材，师如工匠，良材不经良工之手，则不成器，随师的正邪而有悟的真伪。三年从师，不如三年选师，不得正师，不如不学。"对能遇见像如净禅师这样的正师、良师深感幸运。

如净禅师最让道元尊敬的是，其一生不亲近帝王，不与官员相交，甘于贫寒。他竭力远离权势名利，甚至辞谢宋宁宗所赐紫衣、师号而不受。道元评价他为"大宋国二三百年来无比的佛徒"，并充满深情地说："他去世以后的宋国，将如暗夜。"

道元回国后，选择了与天童寺地形环境酷似的北陆地区，开创永平寺，其伽蓝配置、禅林轨制，一依天童，以志祖庭。道元以永平寺为大本山，把曹洞宗传播到东瀛，成为日本曹洞宗始祖。

道元持律谨严，谨遵如净之训，不近王公大臣。当时的执权北条时赖慕其道风，召至镰仓，叩示禅法，一时臣属及庶民争相风从皈依。但道元坚持不受时赖留请，半年后即返回僻静的永平寺，一心坐禅，"不顾万事，纯一辨道"。

道元曾说："山僧经丛林不多，等闲见于天童先师，认得眼横鼻直而空手还乡，无何佛法。朝朝日东上，夜夜日西沉。鸡鸣五更晓，三年逢一周。"

在最后的岁月，道元大彻大悟。"生死可怜休又起，迷途觉路梦中行。虽然尚有难忘事，深草闲居夜雨声。"世间没有什么是可以留住的，也没有什么是可以带走的。"春花秋月夏杜鹃，冬雪寂寂溢清寒。"一切事物都将付诸自然轮回。

1253 年，五十四岁的道元圆寂，遗偈云："五十四年，照第一天。好个崩跳，触破大千。浑身无觅，活陷黄泉。"在离别之际，他以此偈与其师长翁如净作了精神上的回应。

七百年后，公元 1980 年，日本曹洞宗代表团一行 92 人访问天童寺。双方共同举行法会，并在云水堂后院建立"日本道元禅师得法灵迹碑"。碑高 3 米，阔 1.3 米，由质地细腻、青中透红的梅园石制成。碑正面镌刻由中国佛教协会原会长赵朴初题的

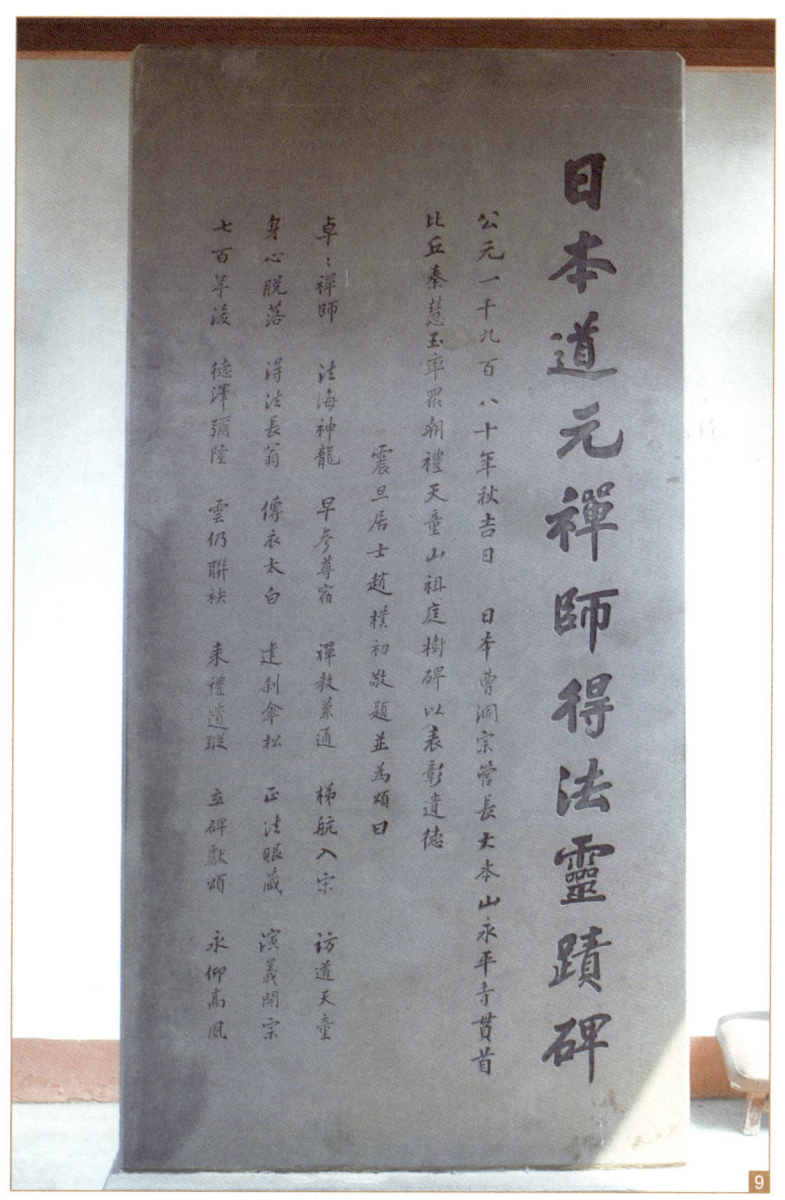

图⑨ 天童寺云水堂内的道元禅师得法灵迹碑

碑额及碑颂。碑颂曰:

"卓卓禅师,法海神龙。早参尊宿,禅教兼通。梯航入宋,访道天童。身心脱落,得法长翁。传衣太白,建刹伞松。正眼法藏,演义开宗。七百年后,德泽弥隆。云乃联袂,来礼遗踪,立碑献颂,永仰高风。"

碑背面镌刻日本曹洞宗管长、永平寺贯首秦慧玉的碑铭：

"当山乃日本曹洞发祥之圣地也。净祖若非付法于高祖，今日安利吾宗？日本古来即由中国传受无量文化，报恩谢德，实为佛教之家常也。吾等愈精进佛疲乏，以期圆成中日友好。至祝至祷，聊勒此石，以留后来。"

灵迹碑安放在一座方亭里。灵迹碑的对面是一佛龛，供奉着道元和尚的影像。现日本曹洞宗视天童寺为祖庭，每年都有大型参拜团前来瞻仰。

【十二】妈祖的弘扬地

妈祖信仰起源于北宋的福建。

妈祖俗姓林，相传于北宋建隆元年（960年）三月二十三日，诞生于福建兴化军莆田县湄洲屿。一出生则不哭不闹，因而取名为默，小名默娘。

成年后，不思婚嫁，乐于助人，经常帮助渔民摆脱困境，深受渔民爱戴。年二十八岁逝世。后人敬仰她，便在湄洲岛上建祠立庙纪念她。

初期，妈祖信仰只在福建、浙东海岛地区传播，与原始海神崇拜结合，逐渐形成一种民间祭祀习俗。北宋末年，朝廷屡次褒封，妈祖祭典列入国家祀典，妈祖一跃成为中华民族的航海保护神。

随着时间的推移，妈祖信仰传播到世界各地，成为一种世界性的文化现象。目前全球有妈祖庙近5000座，遍布20多个国家与地区。2009年，妈祖信俗（文化）成为世界非物质文化遗产。

从一个偏僻小岛的民间信仰，到世界级的文化现象，妈祖信仰是如何发生转变的？在当时包括龙王在内的众多海神信仰中，妈祖信仰又是如何脱颖而出的？

如果考察妈祖信仰的发展历程，我们会注意到一个时间节点——北宋宣和六年（1124年）。这一年，宋徽宗钦赐妈祖庙"顺济"庙额，从此妈祖信仰得到朝廷的认可，并逐渐将妈祖祭典列入国家祀典。

显然，北宋宣和六年是妈祖信仰发展历程的一个转折点。而这个转折点与宁波息息相关。此后，妈祖信仰经由海上丝绸之路，由宁波传向世界各地。

从民间走向天后

北宋时，妈祖信仰主要流传于福建的泉州、莆田等地。初期

图① 宁波庆安会馆中的"顺济"匾额

的妈祖庙非常简陋。据文献记载,初建于湄洲的妈祖庙仅"落落数椽",后来据传有路过客商名三宝者"捐金创建",但连其籍贯姓名都不可考,其规模影响可想而知。

妈祖从一个僻处海隅的地方神祇,后经历代封诰擢升,至于举国共仰、统御四海的"天后"尊位,历代朝廷的褒封起到了至关重要的推动作用。而妈祖首次获封,成为官定航海保护神,却源于北宋宣和年间从明州港出发的一次航海外交活动。

北宋徽宗宣和五年(1123年),给事中路允迪等乘定海(今镇海)招宝山船场打造的2艘"神舟"和6艘"客舟",从明州(今宁波)出发奉敕出使高丽。回来时途经黄水洋,突然狂风大作,巨浪滔天,舵折桅断,万斛神舟马上就要倾覆。

危急时刻,路允迪等跪倒在船板上,望空拜祷,祷求妈祖化灾消难。奇迹居然发生了,虽然8只船沉没了7只,但路允迪所坐的神舟五昼夜后终于顺利抵达明州定海。

事闻于朝,宋徽宗大悦,下诏封林默为"湄洲神女",赐庙额为"顺济"。"顺济",即为宋神宗元丰元年(1078年)招宝山船场建造的一艘"万斛神舟"的船名。

这是一次改变妈祖命运的机遇。从此,妈祖由原来偏隅福建海岛的海洋小神走向朝廷封神,从此名扬天下。

在以后的各个朝代，妈祖不断获得朝廷封赐。南宋绍兴二十六年（1156年）封灵慧夫人，绍兴三十年封灵慧昭夫人，绍熙三年（1192年）晋封为"灵慧妃"，由"夫人"升格为"妃"。元至元十八年（1281年），被封为"护国明著天妃"，从"妃"到"护国－天妃"，比宋时又上一等级。清康熙二十三年（1684年）晋封为"护国庇民昭灵显应仁慈天后"，达到至尊地位。

乾隆五十三年（1714年），御敕妈祖庙春、秋两季致祭，妈祖信俗被列为国家祀典，与陕西黄陵黄帝陵祭典、山东曲阜祭孔大典并列为"中华三大祭典"。由此，妈祖崇拜从一般的鬼神崇拜上升为国家和民族的神祇崇拜，妈祖信俗逐渐成为中华民族的一种文化现象。

从地方小神，到航海保护神，再到国家神祇，妈祖信仰的发展并最终成为一种世界性的文化现象，与北宋宣和五年（1123年）路允迪从明州奉使高丽有着至关重要的关系。如果说妈祖信仰的发源在福建，那么，其里程碑式的起点则是在宁波，宁波是妈祖文化的重要发源地。

元代宁波属于庆元路，庆元港的地位变得更为重要。元代在对外贸易港中，以泉州、广州、庆元三港为重要，而浙东的庆元港是我国对日本和高丽贸易的主要港口，同时也有部分从事东、西洋贸易的船舶由此进出。

元代以海漕取代河漕，京师内外官府、大小吏士、黎民百姓都仰赖于北洋漕运用粮。而庆元港口是北洋漕运的重要港口，是粮食物资北上的重要始发港。

正是由于宁波在海外贸易和国内漕运中的重要的交通地位，宁波的妈祖（天妃）信仰在元代受到特别重视。元代宁波有关妈祖（天妃）庙的文献都表明这一点。

《元天历二年九月壬申祭庆元天妃庙文》云："浙水东郡襟江带海，漕道远涉万里波涛，神妃降鉴丕著宏功，息偃狂飓风，凡扫妖氛,永颂明德,百世扬休。"元代宁波人程端学在《灵济庙事迹记》中写道:"若海之有护国庇民广济福惠明著天妃是已。"

不管是天妃庙的祭文还是碑文,都表明元代天妃信仰背后的人们的希冀。妈祖信仰在人们尚未有能力控制海洋,对海洋的变幻莫测非常恐惧的时代,是人们寻求心灵慰藉的需要。

纵观从宋至清朝廷对天妃的历次褒封,也是从元代开始,天妃的封号发生了很大的变化。有宋一代,天妃的封号不管是夫人还是妃,都不外乎"灵惠昭应崇福善利"、"助顺嘉应英烈灵惠显济嘉应善庆"等字眼,无论如何还没上升到利国护民的地位。

而元代就不同了,从元世祖至元年间的"护国明著天妃"到顺帝至正十四年(1354年)"辅国护圣庇民广济福惠明著天妃"都有了"护国庇民"的赞誉。官方对妈祖从一般的"崇福善利"的褒赞到了"护国庇民"的褒扬,反映了妈祖信仰在元代发生了一个质的变化,而这种变化来自于元代浙江漕运的特殊地位,这种变化应该也是肇始于宁波。

妈祖信仰来源于闽商,但上升到这个护国庇民的地位则应该归功于元代宁波海上漕运的兴盛。

海上丝路的信仰传播

宁波的妈祖信仰始于北宋晚期,源自在宁波经商的福建商帮。

宁波东临大海,自古擅渔盐之利。唐宋以来,明州港以其天然的地理优势和经济优势成为我国"海上丝绸之路"的重要港口。当时,明州造船业发达,交通运输和海上贸易繁荣。

宋代是明州海外交通的全盛时期,尤其在对日本、高丽等国的贸易居于全国首位,日本等东洋国家的海舶往来都集中于明州,中国到日本等国经商的船舶也以明州为集散地。因此,北宋时期明州就已经确立了全国最大贸易港之一的地位。

到了南宋，明州港不但是南宋朝廷设立的广州、泉州、明州三市舶司之一，而且是离南宋朝廷最近的一个港口城市，明州与国内外舶商的通商贸易十分兴盛。尤其是闽粤商人大量在明州经商。

正是在闽商的影响下，妈祖信仰开始传入宁波，并逐渐被本地舶商和渔民认同，成为海运业的共同保护神。

作为我国对外贸易的主要口岸和"海上丝绸之路"的始发港之一，随着港口的发展，明州经济繁荣发达，海外贸易往来十分频繁，众多商贾云集于此。各地商人依托宁波港，开设商号，打造船只，经营货物，繁荣了海上贸易，同时也促进了妈祖文化的发展和传播。

妈祖文化在浙东的传播，主要有三个途径：

第一个途径当然是福建商帮。从宋代开始，在明州经商的福建商帮特别多。在经商的同时，福建商帮把他们的妈祖信仰也带到了浙东一带。宁波首个妈祖庙就是福建商人建造的。

据记载，南宋绍熙二年（1191年），福建籍舶舟长沈法询在驶往海南的海上遭遇狂风，危急时刻求助妈祖女神，得以度过危难。

于是，沈法询他们到了福建莆田，取了当地妈祖庙的炉香，回到位于明州城东市舶司门外来远亭北侧（即今江厦街与东渡路交接处）的住宅，只见红光异香满室。于是沈法询就把自己的住宅捐为庙宇，又增加了部分官地，捐资募众，创殿设像，宫馆合一，由此诞生了浙东地区第一座妈祖庙（天妃宫）。

这座妈祖庙又名灵慈庙，是我国第一座由福建舶商从莆田祖庙分灵（分炉香），在福建省外建造的妈祖庙。这座天妃宫一直延续存在，直至1949年被国民党军队炸毁。

闽商除在城内建天后宫外，又在镇海、慈溪、象山等地先后

图② 宁波天妃宫旧影

建造了几十座天后宫。直到近代,在宁波的天后宫(会馆)中,福建商帮创建与延续的为最多。这些天后宫(会馆),成为闽商在浙东传播妈祖文化的主要场所。

第二个途径是以沿海海运商团为主体的经营团体。这主要指宁波本地舶商,往往经营范围较大,有的又是远洋航运,经济实力比较雄厚。这其中最典型和有影响的是宁波的"南号"与"北号"。海运商帮构筑的天后宫,往往与会馆合为一体,既是祭祀妈祖的殿堂,又是同业联络、共谋发展的场所。所建会馆(天后宫)一般规模较大,有着较为严密的组织。

作为妈祖文化的主要发展地,宁波舶商、渔民建造的天后宫始于明中期,盛于清中晚期。有志可查的由宁波本地人所建造的第一座天后宫,是建于明万历年间(1573年—1620年),位于舟山定海(时属宁波)县治南的"天妃圣母祠"。

而甬籍舶商所建规模最大、最为著名的天后宫,当属位于甬江东岸,与闽人所建的老天后宫隔江相望的"甬东天后宫"。

该天后宫又称"庆安会馆",是清咸丰三年(1853年)甬籍

图③ 庆安会馆正门

北洋舶商(即"北号")所建,"规模宏敞,视东门旧庙有其过之",其规模之大,在当时宁波首屈一指。

其南侧另有清道光年间(1821年—1850年)甬籍南洋舶商(即"南号")所建的"安澜会馆"。两会馆每逢旧历妈祖诞辰和升化之日,都要举行盛大的祭祀活动,各类地方戏剧奉于戏台,成为弘扬妈祖文化的主要场所。

庆安会馆是浙东近代木结构建筑典范。会馆坐东朝西,规模宏大,占地面积约为5000平方米。中轴线上现存建筑有宫门、仪门、前戏台、正殿、后戏台、后殿、左右厢房、耳房及附属用房。保存有1000余件朱金木雕,200多件砖雕、石雕工艺品,体现了清代浙东地区"三雕"工艺技术的最高水平。

庆安会馆是"海上丝绸之路"重要的文化遗存,也是宁波古代海上交通贸易史的历史见证。清咸丰四年(1854年),为平定海域海盗抢阻,保卫南北洋海运之安全,北洋船商集资购买引进西方先进的轮船"宝顺轮"(配备大炮、弹药)。宝顺轮投入运行后,对南北洋海盗船进行清扫,平定了北洋与南界。这也是我国

近代自办的第一艘火力轮船,成为创办中国近代洋务的先声,标志着宁波港作为单纯帆船港时代的结束。

现存的庆安会馆为中国八大天后宫之一,七大会馆之最,也是浙江省唯一保存完整的一处会馆建筑群,被列为第五批全国重点文物保护单位,目前被改建为全国首家海事民俗博物馆。

"甬东天后宫"、"安澜会馆"的建造标志着甬籍舶商由传统的本地海神崇拜向妈祖崇拜转型,预示传统的地产海神崇拜时代的结束。

图④、图⑤ 庆安会馆内

图⑥ 天后宫前戏台
图⑦ 天后宫后戏台
图⑧ 庆安会馆蟠龙柱

第三个途径是以舟山群岛为中心从事沿海捕捞业的渔民。宋代以后,妈祖信仰在浙东海岛地区广为传播,与当地的原始海洋文化结合,逐渐形成以妈祖崇拜为主体的民间祭祀习俗。

舟山群岛等浙东海岛是福建渔民的集居地和捕鱼作业的主要渔场,岛上的渔民很多是福建移民。因此,福建的妈祖信仰必然随闽船流布到浙东海岛地区,浙东海岛出现了大批妈祖庙。如,清康熙《定海县志·祠庙》中记载,康熙三十三年(1694年)时,仅定海本岛就有供奉天后的庙36个。到了民国十二年(1923年),定海境内有名望的天后宫达到83个。

至清代中后期,妈祖信俗已深入宁波的乡村、海岛,各地纷纷立庙祭祀,天后宫几乎遍及宁波全境。据统计,当时宁波地区各类天后宫有 40 多处,主要集中在镇海、象山、宁海等沿海县。

从历史的情况来看,宁波的妈祖庙如此之多,规模如此之大,分布地域如此之广,足以说明古代明州(包括宁波、舟山)是妈祖文化传播的圣地之一。

随着航海事业的发展,宁波地区的航海风俗日臻丰富。妈祖信仰的流入,与宁波当地的乡俗里规相结合,形成了具有宁波地域特色的海事民俗文化。

清初宁波人包燮《江干竹枝词》写道:"天妃宫里鼓声多,时见游人逐队过。试问黄姑和谢女,春风秋月恨如何?"此诗反映宁波天妃宫庙会吸引许多士女前来游赏。天妃春、秋两祭,正是春花秋月,良辰美景,而心爱的人不在身边,未免勾起悠长的怅恨。

据记载,宁波舶商在出海前,往往到天后宫烧香祈祷,并将香灰带上船。出海后,如遇风浪,便将香灰撒出去,祈求平息风浪。

在拔锚起航前,船工、舶商都会默念"顺风得利转出去,一本万利转屋落(家里)",希望妈祖能带来平安和好运。每当有新船下水前,必将船模供奉于妈祖神像之前,意为常得妈祖庇佑。

象山石浦东门岛的渔民在出海捕鱼前,都要到岛上的天后宫进香,并将妈祖神像请到渔船上,希望妈祖保佑,一路顺风顺水,平安归来,鱼货满舱,这个风俗一直沿袭至今。

千年以来,以妈祖信仰为核心的妈祖文化留下了极为丰富的文化遗产,构成了中华文化遗产的宝贵资源。

除了妈祖庙宇和祭祀仪式之外,妈祖文化遗产还包括众多的宫庙建筑、碑刻、工艺精美的各种供奉祭品、绘画等古迹文物,以及丰富多彩的民间传说与民情风俗。这些文化遗产,内容涉及我国古代政治、经济、文化、外交、移民、华侨、港口、民俗、宗教、科技、艺术等各个方面,已经深深地融入整个中华文明的体系之中。

妈祖是最受崇敬的中国海洋女神,也是被历代皇朝加封为天后的最高海神;更重要的是,她来自民间,更贴近百姓。妈祖信仰(文化)的核心内容是大仁大爱、大慈大悲、知恩图报的美德与和谐平安的人生追求。

正因为如此,元代官方祭祀妈祖从来就和官祭四海龙王有所区别。在《元史·祭祀志》中,祭四海龙王事宜载于《岳镇海渎》诸神篇目下;而祭女神妈祖事宜却载于《忠臣义士》祠祀篇目中。在中国历代人们的心目中,妈祖崇拜更具有纪念圣女义举的文化内涵。而这一内涵正是妈祖文化现代性认定的依据之一。

还应当看到,妈祖崇拜是我国古代航海、造船、气象等科技落后条件下产生的精神力量,也是宋元明以来航海事业繁荣发达的文化象征。1000多年来的海上贸易历史提醒我们,妈祖崇拜与中国人不畏艰险征服海洋的精神是密不可分的。

航海民众出洋远航,面对海上不测风云,坚信天后护佑他们战胜风浪,度过危难。在这种坚信神力的民俗心理中,有一种把超人的力量转化为人间力量的鼓舞作用。在以长期固守土地的大陆文化为主流文化的我国封建制度下,以妈祖崇拜为象征、为精神力量的海洋文化,显然具有文化的先进因素和开放因素。而这也正是妈祖崇拜的文化现代性认定的另一依据。

妈祖信仰与妈祖民俗文化始终伴随着1000多年中外海路政治交往、文化交流、航海贸易、海外移民等的大规模海洋活动实践。对宁波而言,妈祖文化由海上丝绸之路传来,又通过海上丝绸之路传到各地。妈祖文化的传播已经成为古代宁波中外经济文化交流的见证和重要组成部分。妈祖文化的丰富遗存,从一个方面证明了宁波作为海上丝绸之路重要始发港的历史地位。

【十二】自大的贸易

这恐怕是世界贸易史上最奇特的贸易形式。

这种贸易是一种朝贡外交，以下对上的进贡、上对下的赏赐的形式进行；贸易必须获得许可，持照入市，执照由其中一国定期提供；主宾国全权负责贸易使团一切的接待，且回赠品的价值大大超过贡物的价值；只能按规定的船舶数量、规定的人员规模，在规定的时间、规定的地点进行贸易。

这就是大明帝国的"勘合贸易"。所谓"勘合"，是帝国发给海外国家的朝贡许可证。

这根本是一种单向的贸易，因为"天朝物产丰富，无所不有，原不借外夷货物以通有无"。这种大国心态下形成的朝贡贸易，"厚往薄来"的贸易政策，注定难以为继。

于是，一场变乱随之而起，击碎了天朝上国自欺欺人的梦。天朝的大门彻底关上了。

政治挂帅的朝贡贸易

对于明政府来说，接纳朝贡贸易完全是一种政治需要，而不是经济需求。

出于海防和海禁的需要，明太祖朱元璋一改宋元时期积极的海外贸易政策，严禁中外民间商人自由贸易来往，只允许海外国家以朝贡贸易的方式进行官方贸易。贡物以外的商品，在政府的严格监控下，在指定的市场出售交易。

明成祖继位后，改变明太祖严厉的海禁政策，鼓励海外各国派遣使者入明朝贡。明成祖之所以推行此举，一是迫切需要以此寻求政治的合法性，宣示天朝的神威；二是需要日本配合消除日益蔓延的倭寇之患。打击倭寇，是明政府恢复中日朝贡贸易的一个重要政治条件。

此时在日本，室町将军足利义满统一日本后，政治上需要借

图① 足利义满

助明帝国的声势巩固将军地位,经济上需要解决国内财源枯竭的问题。于是一面积极打击、取缔倭寇,一面寻求入明朝贡机会。

建文三年(1401年),足利义满首次以博多商人肥富为正使、僧祖阿为副使,入明作试探性朝贡。这是日本遣明使之始。

永乐元年(1403年),义满遣天龙寺僧人坚中圭密为使入明朝贡。

接见坚中圭密时,永乐皇帝首次向日本发放勘合,并诏告日本:"十年一贡,人止二百,船止二艘。"是为《永乐条约》或《永乐事例》。

第二年四月,明成祖命左通政赵居任、行人张洪、僧录司右阐教道成,随坚中圭密出使日本,赐予义满龟钮金印及勘合百道。从此,两国重新恢复朝贡贸易关系。

明朝政府发给海外国家"堪合"以作朝贡贸易的凭证,目的是为防止私人非法贸易和海盗冒名走私。因此,这种朝贡贸易也被称为"勘合贸易"。洪武十六年(1383年),明朝第一次向暹罗(今泰国)发放勘合。

明朝给日本的勘合,由明朝礼部将日、本两字分开,制作日字号、本字号勘合各100道,共计200道,以及日字号、本字号勘合底簿各2册,共计4册。其中将日字号勘合100道、日字号和本字号勘合底簿各1册藏于北京礼部,将本字号勘合底簿1册交浙江布政司收藏;余下本字号勘合100道和日字号勘合底簿1册则发给日本。

凡日本开往中国的朝贡贸易船,每船须带本字号勘合1道,上面写明使臣姓名、乘载人数和所携物品的名称、数量。驶达宁波后,经市舶司与所存本字号底簿比对相合后,方准入港登岸,并发送北京朝贡。

明船自宁波起程渡日时,也须携日字号勘合,以便抵日后与日本所藏之日字号底簿比对勘验。

每逢朝廷改元时,明政府即将新勘合和底簿送到日本,把未用完的旧勘合和底簿收回。终明之世,颁赐给日本的勘合共有永乐、宣德、景泰、成化、弘治、正德6种。

永乐六年(1408年),义满死,其子义持继任将军后,立即改变对明的外交贸易政策,中断日明关系。此后,倭寇劫掠明朝沿海的活动又日益猖獗。

1428年,义持死,新任将军义教决心恢复日明邦交。宣德七年(1432年),精心挑选原为宁波人的天宁寺僧龙室道渊为正使,携带国书赴明。次年5月,龙室到北京,向明宣宗进献方物和国书。

明宣宗十分高兴,回赐日本的礼物也特别丰厚。作为颁赐物,赠给义教白金200两、粧花绒棉4匹、纻丝20匹、罗20匹、纱20匹、彩绢20匹,赠给义教夫人白金100两、粧花绒棉2匹、纻丝2匹、罗8匹、纱8匹、彩绢10匹。作为成例,以后赠给幕府的颁赐物的数量、种类大体与此相同。

为表示特别的恩惠,明宣宗还赠送给义教一大批价值不菲的特赐物。据日本文献记载,这些回赐物装满60只中国箱子,堆积如山。

宣德九年（1434年）五月，明宣宗又特派内官春雷一行500人随龙室道渊出使日本。春雷使团带去宣德勘合100道、日字号底簿1册。并重新申定要约："十年一贡，人毋过三百，船毋过三艘。"是为《宣德条约》或《宣德事例》。

此后113年，日本派出朝贡贸易使团9次，平均12年一次，至嘉靖二十七年（1548年）结束。

从永乐元年（1403年）到嘉靖二十七年（1548年），以宁波为出入门户的中日勘合贸易持续了145年。其间，日本室町幕府共派出遣明使17次，朝贡船87艘，明朝则向日本遣使8次。

在日本，日明勘合贸易最初由幕府经营，特别是在义满、义教将军时期，组织者主要是幕府将军，其他大武士、守护大名和商人，都按幕府的要求组织起来，由幕府任命的贸易正使率领，赴明开展朝贡贸易。

后来，幕府的控制能力与财力逐渐减弱，在对明勘合贸易中，幕府只能作为伙伴的身份出现。15世纪60年代后，幕府连伙伴的身份也失去了，只能借由各地大名捎带进贡品和附载物入明，回国时，再捎回明朝政府给将军的回赠品和将军自己的附载物。

这个时期，日明勘合贸易为两大势力把持，一是守护大名大内氏及与之联合的博多商人，另一就是守护大名细川氏及与之联合的堺港商人。到了16世纪30年代，勘合贸易则完全为大内氏所垄断。

烦琐复杂的接待手续

有明一代，明日朝贡贸易的管理主要由宁波市舶司承担。洪武三年（1370年）明朝政府在浙江宁波、福建泉州和广东广州设立市舶司,并规定"宁波通日本,泉州通琉球,广州通占城、暹罗、西洋诸国"。宁波成为专通日本的唯一法定港口,明日朝贡贸易使团全部通过宁波港来往。

永乐以后,宁波市舶司"旋设旋罢",到万历四十八年(1620年)最后一次被裁撤。

宁波市舶司隶属于浙江布政司,其主要职责是执掌日本的"朝贡市易之事,辨其使人表文勘合之真伪,禁通番,征私货,平交易,闭其出入而慎馆榖之"。

市舶司设提举一员、副提举两员,属下有司吏、典吏、祗禁、弓兵、工脚、库子、秤子、合勘人、行人之类。

作为接待、管理日本贡船的政府机构,宁波市舶司辖有市舶库、市舶码头、四明驿、安远驿、嘉宾堂、迎宾馆等一系列完整的附属机构。

四明驿、安远驿、嘉宾堂、迎宾馆等,是迎接、安置和转送日本使团的处所。其中四明驿是安置和启送日本赴京人员北上的水路转运站。元时是水马站,位于城南月湖内,就是现在的居士林位置。内分南、北二馆,二馆间以桥相通。除若干马匹外,驿站配有船20只,每船配船夫10名。

安远驿位于市舶司旁,为其附属建筑,是接待日本贡使团的宾馆。永乐三年(1405年),因诸番贡使益多,明成祖在粤、闽、浙三市舶司设置宾馆,其中在宁波设立的就是安远驿。驿内设驿丞1员、吏1名、馆夫30名。

其后,宁波府又在城南境清寺旧址改建嘉宾堂,作为安置日本使团的专门馆舍。堂有东、西两关坊,东曰"观国之光",西曰"怀远以德"。嘉宾堂的遗址,在现桑园巷以东,薜萝巷以西,君子街以北。嘉靖二年(1523年),在"争贡事件"中嘉宾堂被日人烧毁。嘉靖六年(1527年),改建为馆,仍为接待日本使团的宾馆,后又为倭夷所毁。

图② 位于月湖的水马驿遗址

市舶库和市舶码头为装卸、储存贡舶货物之地。市舶库设在城东灵桥门内宋代市舶务旧址，元称市舶库，内有廒房28间。"商舶到，官为抽分，其物皆储于此"。抽分，就是抽税。

市舶码头有大道头、真武宫、下番滩、杨柳道头等处，集中分布在三江口一带。

由于是官方使团，宁波方面按照规制，接待迎送十分周到隆重。当日本船队驶达定海（今镇海）后，由定海巡检司派船查验勘合，然后由巡检司派船领航，经由甬江驶入宁波城外。如查验无国书，则不准许入港。

定海巡检司的检查手续相当烦琐，以景泰四年（1453年）东洋允澎所率日本勘合贸易船为例：

四月六日船至普陀山，七日明船来问，使臣、通事姓名、贡物、驾船人数、起程日期，呈报宁波市舶司。市舶司再派船询问，哪一代国王（将军）差遣，持哪一年勘合，有无国书，船来几只，进贡何种方物，正副使臣、居座、士官、从僧等姓名，商人若干，水夫从人若干，进贡的刀、枪、铠甲若干，马匹若干，后面是否有迟到船只、船名号，等等。问明之后，按勘合底簿验证比对后，方准驶入宁波港。

验证完毕，日方须将所携兵器暂交宁波官府封存。当船队

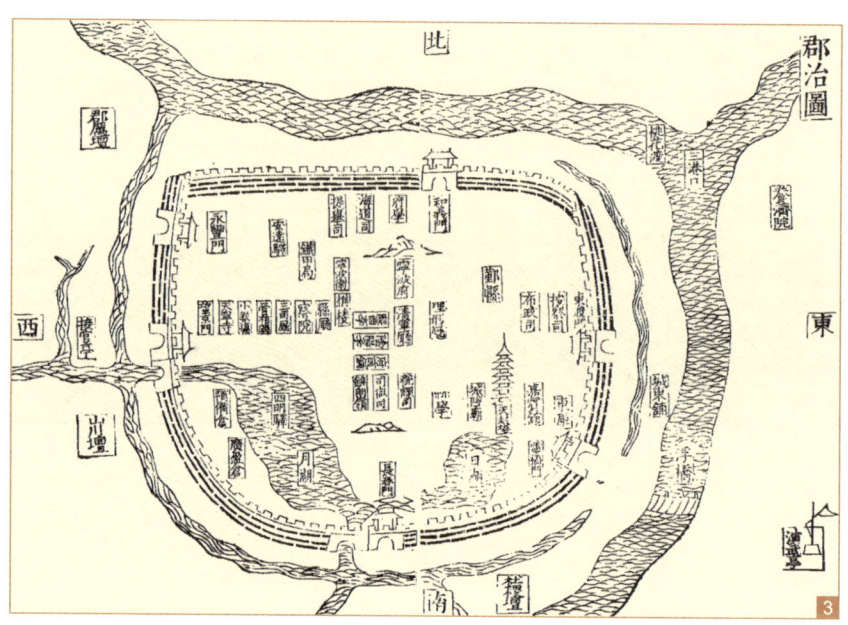

驶达三江口一带市舶码头后，照例由充任市舶提举的内官，引导日方人员至安远驿、嘉宾馆休息。安字一号房住正使，二号房住纲司、居座，以下官员依次居之。其余客商、船方等人就近寻找住处，由宁波府拨给粮食、菜金以供食宿。

与此同时，根据布政使和按察使的命令，市舶司按规定从一号船起，依次卸下所载货物，运入市舶库进行检查。

提举司则逐级上报明政府，等候批准进京人员及时间。在等待礼部进京通知回复之前，提举司一般会设宴招待使团两次。由杭州专程赶到宁波的浙江布政使、按察使等地方高级官员，也往往会出面接见日本使团人员，并在勤政堂、观光堂设宴款待。为表示感谢，日本方面有时也会置办日式酒饭回谢中方官员。

当宁波市舶司接到北京礼部送来的文件后，立即按规定安排日方有关人员进京。进京人员初期在三百至三百五十人，弘治年间因发生使团人员持刀杀人事件，被限定在五十人之内。其余人员则留在宁波守船和处理有关货物事务。

进贡方物中的马匹、金银器皿、珍宝之类的贵重品，装车运

图③ 明代宁波市舶机构分布图

送至北京。而苏木、胡椒、硫黄、铜等大宗货物，造册呈报后，运送至南京内库。此外，一部分附载物品随车一路运至北京贸易，其余留在宁波等地售卖。

进京日本使团通常由宁波府官、千户、百户、市舶司通事等组成护送团一路护送。从月湖边的四明驿上船，经由内河、运河前往北京。沿途由各驿站供应粮、菜、役夫、车、船、驴、马等物资和脚力。从宁波出发，大约四五十日可抵达北京。

到北京后，中央政府会安排使团住进会同馆，设宴招待，并安排在奉天殿朝见天子。如果贡马，皇帝一般会在奉天门观马，然后赐宴。

会同馆住有各国进贡使者，往往会互相拜访、往来。据《允澎入唐记》记载，曾有南蛮、爪哇等国人和日本使团联络交往。在奉天门进献贡物时，往往会有许多其他外国使者列席参观。

一应程序过后，日使便在礼部商谈贡物给价和贸易事宜。议价交涉有时需要经过几次反复才能定下来。贡物给价确定后，开始进行附载物的贸易和回国货物的购买。诸项事宜完毕，即行起程，循原路返回宁波。

日本使团返抵宁波后，提举司会再次举行宴会招待。稍事休息，市舶司便拨下足够海上航行三十日的"关米"，安排使团上船，起程回日本。

从有关史籍看，宁波方面的这种接待方式似乎已经成为国家惯例。

难以承受的朝贡之重

以朝贡形式进行的勘合贸易对日方是非常有利的，所以日方总是试图扩大勘合贸易的规模，突破明朝对勘合贸易频次的限制。

而明朝却为勘合贸易政策付出了沉重的经济代价。且不说对日方贡物以高于几倍的价值予以回赐,即使是贡使进京,沿途往返的车、船、食宿均由官府供给,那也是一笔庞大的开支。因此,明朝不得不一而再再而三地重申各种限制。

出现这种现象的原因,实际上是明日双方对勘合贸易的理解不一样。对于明朝来说,实行勘合贸易是对海外国家的一种"羁縻"手段,目的是消除"衅隙",抑制扰边事件的发生;而日本方面则将之视为一种营利之机,甚至成为他们国家的重要财政来源。

日本学者臼井信义在《足利义满》一书中写道:"义满鼎盛期的北山时代最重要的财政收入来源,实际就是和明王朝的贸易。"

因此,双方在政治目的与商业利益上形成了矛盾。日方每次派来朝贡的人员,一般是正使、副使各一人,居座、土官、通事各数人,其他还有船员、水手以及搭乘的随从商人等。

在勘合贸易实行初期,由于朝贡船是由幕府、大名、寺社等自己经营,故随从的商人数量还比较少。但到了后来,朝贡船全部承包给了博多和堺港的商人,随从的商人数量便大大增多,商人已从过去的搭乘,转变成为朝贡贸易的主体。他们不仅想通过勘合贸易来赢取厚利,而且把一些特殊资金的筹集也加在这上面。

比如,日本正统十二年(1447年),日本京都天龙寺遭受火灾后兴工重建,为筹集营建费,在明景泰四年(1453年)入贡的9艘船中,最重要的3艘——1号、3号和9号船,都是由天龙寺派遣的。由此可见,日本派出的朝贡船后期均由商人承包,他们入明朝贡纯粹是为了谋利,故其船数、人数及货物量不断增多,实是在情理之中。

而明朝将他们当成正规的贡使看待,给予与普通商人不同的礼遇，明文规定："凡贡使至，必厚待其人；私货来，皆倍偿其价。"其结果是，"四方奇珍异宝、名禽殊兽进献上方者，亦日增月益"。来的日本贡船过多，过于频繁，造成了明朝政府沉重的财政负担，以致"岁时颁赐，库藏为虚"。

于是，明朝只有再三地重申以前的要约。嘉靖六年（1527年）强调："凡贡非期，及人过百，船过三，多挟兵器，皆阻回。"嘉靖二十九年（1550年）再度强调："日本贡船，每船水夫七十名，三艘共计水夫二百一十名，正副使二员，居坐六员，土官五员，从僧七员，从商不过六十人。"

但勘合贸易获利太丰厚了，以致日本上至幕府将军、守护大名，下至社寺僧人、武士、商人，都把这种贸易视作发财的大好机会，总是想方设法突破明朝政府的约定。于是，尽管明朝政府再三申明，勘合贸易团的规模还是越来越庞大。如，宣德八年（1433年）入贡的日使有船 5 艘，刀 3052 把；正统七年（1442年）入贡使团有船 9 艘，人员千余名。

其中最大的一次使团，是景泰四年（1453年）由东洋允澎率领的勘合贸易团。使团船十只，人数一千二百余人，真可谓蔚为大观。

使团携带的货物数量也是空前的：硫黄三十六万四千四百斤、苏木十万六千斤、生红铜十五万二千斤、长刀四百一十七把、刀九千四百八十三把；其余纸扇、箱盒等物数量较前均增加数十倍，以致允澎使团进京时，得动用七十五辆车装运货物和附载商品。

之所以出现如此情况，其实明朝官员也心知肚明，就是因为这些日本人"旧日获利而去，故今倍利而来"。

日本向明朝的输出品，主要为刀剑、硫黄、铜、扇、苏方木、屏风、漆器、砚等，输入品主要为生丝、布、药材、砂糖、瓷器、书籍、字画、铜器、漆器、金缕、府香、铜钱等。

日本对明朝的贸易利润很高。比如，刀每把在日本值800至1000文，明政府给价平均2000文，获利1倍以上。仅1432年至1547年间的11次勘合贸易中，日本输出20万把刀，换回铜钱40万贯。

丝是日本从明朝进口的大宗货物。在日本，一斤丝价五贯文，铜一驮十贯文，一驮铜可换丝两斤。但一驮铜在明朝可换丝八至十斤，按日本丝价换算，可卖四十至五十贯，即获四至五倍之利。

如果换成以黄金购买，日本金十两价值三十贯文，只能买丝六斤，而在明可换丝二十四斤至三十斤，按日本价格换算，可卖一百二十至一百五十贯，同样是四至五倍的巨利。如此，日商在北京买银卖铜，在南方买丝，贩运回国，大获其利。

以至曾经两次入明的日使楠叶西忍感叹道："唐（指明朝）船之利，莫过生丝。"

东洋允澎使团货物数量如此庞大，如按往年旧例给价，仅附载商品中大宗货物的价格，就达六十一万五千余贯。除去折绢、布款额外，给铜钱部分的款额就得二十一万七千七百余贯。如果再加上回赐部分的货物，以及在宁波、北京各市场交易的赢利，则此次勘合贸易日本所带走的铜钱数额，无疑将达到惊人的地步。

为此，明朝礼部上奏景宗，要求予以大幅度地削价。但削价后的给价仍高于日本市场价格。而日本使团依然嫌低于以往价格，由正使东洋允澎出面力争，甚至提出：如果不按宣德八年例给价，回国后将会受国王的诛戮，假若不如所请，他们便不回国了。明政府在东洋允澎的强硬力争之下，又增给铜钱一万贯，绢五百匹，抵钞五万贯；布一千匹，抵钞五万贯。

最后，东洋允澎使团离京时，装运回赠礼品和购买的货物，不算驴、马驮子，仅车就达一百二十辆。在回宁波的路上，他们还一路交易。史料记载，东洋允澎一行在苏州至杭州途中收袁太监货款三万贯，在杭州收阮太监货款三万贯，从杭州至宁波时又收货款三万贯。

而日本使团自入宁波起至回国时止，不仅口粮、菜金等，而且进贡方物往返一应脚力，概由明政府供应。供应的规格，据明人郑舜功《日本一鉴》记载："入朝者沿途往还，给支廪粮之外，每人肉半觔，酒半瓶……若至会同馆，该光禄寺支送常例，下程每人日肉半觔、酒半瓶、米一升、蔬菜厨料；若奉钦赐下程，五日一送，每十人羊、鹅、鸡各一只，酒二十六瓶、米五斗、面十二觔八两，果子一斗，烧饼二十个、糖饼二十个、蔬菜厨料。"供应可谓丰厚周全之至。

而日本贡使团往往人数众多，一次少则数百，多则千人以上。而且，使团在宁波滞留时间较长，如允澎使团景泰四年（1453年）四月抵达宁波，九月到北京，翌年二月从北京返回宁波，七月回到日本长门。整个使团在宁波停留时间在半年至一年左右。至于未随贡使进京而留守在宁波收账看船的人员，逗留宁波的时间更是长达一至两年。

如此算起来，仅日常生活供应这一项，按三百人计算（其中六十名官员），每月约为三百八十余贯，每次贸易往返以平均一年计，明政府约需支出生活费用五千余贯，相当于日本筹措一次三舶勘合贸易的全部费用。

此外，当使团在宁波解缆回国时，市舶司还要提供回程途中的食品。据《允澎入唐记》记载，允澎使团在宁波启程回国时，"市舶司给海上三十日关米，人各六升"。这是根据回程1个月，每人每天食米2升来计算的。当时该使团人员多达1000余人，因此仅此一项，宁波市舶司需要供给的米粮即在600石以上。除食物、车舟外，市舶司甚至还有责任为日方人员提供所需的服装。

明政府对日本勘合贸易使团的款待如此慷慨、周到,以致日人楠叶西忍慨叹:明朝真乃"罕有之善政国也"。不知他这句话是褒奖,还是嘲讽。

争贡引发的宁波之乱

明嘉靖二年(1523年)五月一日,日本两个朝贡使团因为贸易主导权纠纷,在宁波发生火拼。

日本使团手持倭刀,从宁波城内一直杀到绍兴城下,100多人一路烧杀掳掠,如入无人之境。宁波城内馆驿被烧,船只被毁,官员被劫,百姓纷纷逃出城外避难。肆虐过后,倭人夺船越关,遁入大海,只留下一片狼藉的宁波城。

这就是震惊中外的"宁波争贡事件"。

按现在的眼光来看,这是一起严重侵害中国主权的外交事件。事件表面上起因于商业纠纷,实则宣告大明政府勘合贸易政策的彻底失败。事件发生后,明日两国关系恶化,勘合贸易逐渐没落,走到了历史尽头。其后官方贸易退场,私人贸易勃兴,在一定程度上为大规模的"嘉靖倭乱"埋下了伏笔。

在"宁波争贡事件"中,始终若隐若现地晃动着一个中国人的身影,这就是鄞县人宋素卿。

宋素卿,用现代的话来说,其实应该是日本的一名"华侨"。宋素卿曾作为日本使臣,活跃于明代中日勘合贸易的舞台上,在"宁波争贡事件"中,宋素卿不仅是事件的主要肇事者之一,而且是其中的焦点人物。

宋素卿的身世有些复杂,中日史料记载互有出入,一般认为,宋素卿本名朱缟。朱缟后来为什么改名宋素卿?为什么渡海去了日本?较常见的说法是,明弘治九年(1496年),日使尧夫寿冥一行来贡之际,其父朱漆匠与日本商人汤四五郎做买卖折了本,收了汤四五郎买漆器的预付货款,但直到第二年汤四五郎回国时,朱漆匠也无法交货,因怕告官,出于无奈,乃以其子朱缟抵押。这样,朱缟改名宋素卿,跟着汤四五郎到日本去了。

宋素卿到日本后显得十分活跃。据说,宋素卿"秀慧善歌",为人聪明机灵,有相当的艺术才能。凭借着优秀的诗文才能,加上出色的活动能力,宋素卿与当时在日本幕府外交事务中有着重要影响力的五山禅僧交往密切。

不过,宋素卿的发达,主要源于其在政界的交游。在日期间,宋素卿与政界大佬细川政元、三条细实隆等有着密切的交往,并深受幕府将军足利义澄的信任,顺利踏入政界。初授司农卿,频繁出入公门。

宋素卿之所以成为日本幕府"红人",是与当时的日本国内形势分不开的。为了独占与中国的贸易权以获取暴利,勘合贸易到了后来,成了大内氏与细川氏之间的争夺战。对于细川氏来说,像宋素卿这样能"通两地之事、达两邦之情",熟知明朝事务的人,正是他们所急需的。

明正德四年(1509年),东渡扶桑十三年后,宋素卿终于应命出任纲司一职,作为遣明使入明。

本来明日贸易是由室町幕府将军以"日本国王"的名义向明朝派遣遣明船进行贸易的,但日本"应仁之乱"后将军权力衰退,畿内的权力由细川氏和大内氏分别控制,明日贸易遂落入细川氏和大内氏的手里。

正德四年(1509年),细川氏与大内氏假借"日本国王源义澄"(室町幕府将军足利义澄)的名义,决定联合向明朝派出三艘遣明船,以支持大内氏的了庵桂悟为正使。但细川氏不甘心在明日贸易中处于劣势地位,私下又秘密派遣宋素卿率一艘细川船抢先来到明朝贸易。

正德四年五月,以宋素卿为首的细川船经由南海路,抢在了庵桂悟正使之前首先抵达宁波，十二月抵北京，次年二月，明武宗赐宴并给赏。这是宋素卿第一次作为遣明使回到中国。而正使了庵桂悟所率的三艘船迟至正德六年（1511年）才来到宁波，至次年二月始捧表觐见明武宗。

按理说，宋素卿所率这艘细川船是非正式进贡之船，没有表文，明政府不应予以承认并接待。对此，宋素卿假借足利义澄名义致礼部咨文，向明政府要求"例遣三船外，别发四号船"，同时巧妙地提出："吾都邑建孔子庙，教民兴学，庶俾是荒服移为阙里。"利用国人尊孔心理，以建孔子庙为借口，在例遣三船外，又再添一艘以牟取利益。结果明廷竟自违原则，特许宋素卿他们不持表文入贡。

由于宋素卿此次是以日本贡使官员的身份来贡，有通倭之嫌。当时有人告发了宋素卿叛夷来贡之事，按理应该严办，但明廷考虑到宋素卿乃外国使臣，如果加以惩治，"恐失外夷来贡之心"，于是就宽大处理，只是责令遣送回日本。

其实这里面真实的原因，明代沈德符在其《万历野获编》中已经明确点出："其时有日本国使臣宋素卿者入贡。赂瑾黄金千金。亦得飞鱼。则本朝外夷陪臣未有赐者。"原来，宋素卿行贿当朝大太监刘瑾黄金千两，因此，不仅没有受到任何处分，而且还得到了皇帝的恩赐——得飞鱼服而归。飞鱼服是明朝在品官制服之外赏赐等级最高的官服。沈德符因此感叹：真是"尤奇之奇者也"。

日本正使了庵桂悟觐见明武宗后，获得了正德新勘合。这些新勘合带至日本后，被割据濑户内海西部的守护大名大内义兴以武力劫得。占据堺港和濑户内海东海岸，掌握幕府实权的另一守护大名细川高国自然不甘落后，也逼使幕府发给他业已过期的弘治旧勘合一道。

嘉靖二年（1523年）四月二十七日，受大内氏派遣，以宗设谦道为正使的三艘贡舶携正德勘合,经"中国路"抵达宁波。细川氏也紧急以鸾冈瑞佐为正使,以宋素卿为副使,率船一艘,由"南海路"入明。

四月底,细川船在比大内贡船晚数天后抵达宁波。宋素卿通过贿赂市舶太监赖恩,在其策划运作下,虽然细川船后至,而且所携勘合业已过期,却被优先安排进港"验发"。在宁波官府的欢迎宴会上,宋素卿、瑞佐的座次又被安排在宗设之上。宗设怒火中烧,当场发作,欢迎宴会很快就演变成武士斗殴。

一场血腥的残杀开始了。

当天,狂怒的大内使团打开东渡门内的市舶司东库,取出使团封存在其中的武器,杀进细川使团居住的嘉宾馆,杀死瑞佐等人,纵火焚毁嘉宾馆和细川船舶。

百余人又沿着余姚江一路追杀宋素卿,直到绍兴城下。宋素卿在宁波官军的掩护下,逃到慈溪青田湖,躲过一劫。大内使团又折回宁波,一路烧杀抢掠,百姓避之唯恐不及。在宁波劫掠一番后,大内使团夺船逃入大海。其间,备倭指挥刘锦、千户张镗战死,指挥袁琎被掳。

整个事件的过程,《明史·日本传》是这样记载的:"嘉靖二年五月,其贡使宗设抵宁波。未几,素卿偕瑞佐复至,互争真伪。素卿贿市舶大监赖恩,宴时坐素卿于宗设上,船后至又先为验发。宗设怒,与之斗,杀瑞佐,焚其舟,追素卿至绍兴城下,素卿窜匿他所免。凶党还宁波,所过焚掠,执指挥袁琎,夺船出海。都指挥刘锦追至海上,战没。"

《倭志·宋素卿传》中有更为详细的记载:"五月初一日,宁波推官高迁正在东库收货,谦导遣人各持兵刃抢入。推官越城走。库在东渡门内城下,将一应贡物,俱搬上大四号船,据截灵桥门,不容居民往来。灵桥门与东渡门相近,谦导又于初三日黎明,贯甲挥戈,将素卿贾人二十四名缚出灵桥门江口斩首,投尸于水内,留七人相识者,又遣一起,杀出盐仓门。朱分守正盘素卿货物,仓皇步入城,将素卿使头并通事等杀害。……至绍兴,王阳明闭城不纳,复回宁波。宁民空城避于村落。"

区区百余日本人,在中国的土地上占城池、夺军库、烧官府、杀官员。宁波当地的官员们事先不作防御,事发不能剿灭,应对毫无章法,坐视事件蔓延。实乃国家耻辱!简直匪夷所思!

更令人匪夷所思的还在后面。

"争贡事件"发生后,浙江巡按御史欧珠和明世宗派驻浙江的镇守中官梁瑶力图掩盖事情真相。他们在奏章中将这起恶性外交事件轻描淡写地说成:只是因互争真伪而"致启衅"。礼部在奉旨议处时也极力为赖恩和宋素卿掩饰开脱,主张不追究宗设等人的罪行,照旧维持同日本的贡赐贸易。

最终,礼部提出这样的处理意见:"二夷相杀,衅起宗设,而宋素卿之党被杀甚众。虽素卿以华从夷,事在幼年,而长知效顺,已蒙武宗宥免,毋用再问。惟令镇巡等官,省谕宋素卿回国移咨国王,令其查明勘合,自行究治。待当贡之年,奏请议处。"

杀死打伤了几十个人,烧毁了外交场馆,如此严重的外交事件居然无人受到处理。而且,明世宗也居然同意了这个意见。

这显然无法令人心服。以御史熊兰、礼科给事中张翀、兵科给事中夏言为首的官员交相上奏,激烈表示反对,他们提出:宋素卿罪不可贷,赖恩及相关官员均应治罪,对日本则应闭关绝贡。

恰在此时,夺舟窜逃的宗设使团在逃往日本途中,一条船被暴风吹到朝鲜,船上三十人被朝鲜人击杀,二人被俘。当年十月,朝鲜将所俘的中林、望古多罗两名日人押送至北京。明廷派给事中刘穆、御史王道将日俘押到宁波,与宋素卿对质查勘。

经过数十次的勘问,直到嘉靖四年(1525年)才最后议定:宋素卿以谋叛下海罪罚没货资,同宗设党人中林、望古多罗三人一并"论死"。之后,三人被关入浙江按察司监狱。同年四月,经久未予诛决的宋素卿瘐死狱中。

而中方的主要责任人市舶太监赖恩不但未获适当的处分,反而于嘉靖四年请求监理提督海道,竟获明世宗许可。

"争贡事件"导致了中日两国关系的恶化。此后一段时期,围绕着是否放还被劫的宁波卫指挥袁琎,中日关系陷入僵局。

在"争贡事件"十六年后,嘉靖十八年(1539年)七月,湖心硕鼎、策彦周良率大内船三艘再次入明求贡。明廷向日方提出,把送还袁琎以及擒送罪人宗设作为允许入贡的条件。而日方呈书称,袁琎已于嘉靖十年(1531年)送还,只是被大风漂没于海中。

明廷对此很不满意,当日使提出要求赐给嘉靖新勘合时,礼部明确予以拒绝。此后,自嘉靖二十三年(1544年)至嘉靖二十五年(1546年),日本方面连续派出三批朝贡使团前来宁波求贡,明政府均以贡期未至或没有表文为由予以拒绝。

嘉靖二十六年(1547年)二月,策彦周良率大内船四艘求贡。明世宗以周良使团违背此前明廷规定的"十年一贡、船三艘、人百名"限制,"敕守臣勒回"。周良被迫带着637人的船队退到舟山群岛穿鼻山一带,在海中停泊十个月之久,其间病死21人,仍距十年一贡限期数个月。

周良投书浙江巡抚朱纨,"哀词恳纳",并保证"后不援例"。正在准备双屿之战的朱纨出于战事考虑,向明世宗力陈利害,终于同意周良使团从宁波上岸,翌年四月抵达北京。

但当周良提出以弘治、正德旧勘合换取嘉靖新勘合时,明廷以所缴旧勘合数量不足为由再次予以拒绝。延至嘉靖二十八年(1549年)十二月,周良使团才从北京回到宁波,并于次年六月回到日本。

此次朝贡史无前例地历时三年零四个月。这也是日本朝贡使团最后一次来宁波贸易。

至于袁琎的最终去向,《倭志·宋素卿传》这样记载:"谦导续回宁波,抢居民李洪济海船二只,将袁琎带去,在彼娶妻生子。"即袁琎被宗设掳到日本后,在异国他乡娶妻生子留了下来。

【十三】双屿之殇

1523年，明嘉靖二年，宁波"争贡事件"发生后，嘉靖皇帝下令关闭福建、浙江市舶司。朝贡贸易，这道唯一的正常贸易之门也终于关闭。

1526年，葡萄牙人在广州叩关失败后，在福建商人的导引下北上双屿港，与宁波商人私下交易。从此，葡萄牙、日本、马来、琉球、暹罗（今泰国）与中国海商纷至沓来。海外贸易以民间走私贸易的形式进入双屿时代。

"海禁"与"倭患"

海上走私贸易的兴起，与明代海禁政策密不可分。始于洪武年间的海禁政策，初衷主要是为解决"倭患"问题。

14世纪初，日本进入南北朝对峙时期，诸侯割据，互相攻伐。在争战中失利的封建主及武士们组织起来，到中国沿海进行武装走私、抢掠，形成"倭患"。到元末明初，从辽东半岛到广东、海南数千里的海岸线上，"岛寇倭夷，在在出没"。

为断绝日本海盗与海上反明势力里应外合，朱元璋下令禁止滨海居民私自出海，并采取釜底抽薪的方式，大量招纳原张士诚、方国珍部下军士及濒海的船户、岛人、渔丁为兵。这是明朝实行海禁政策之始。

洪武四年(1371年)十二月，朝廷命令籍没原方国珍所部温、台、庆元三府军士及兰秀山无田粮之民隶各卫为军。洪武十九年(1386年)废昌国县。第二年，又将舟山岛城区和镇外两里以外的居民和其他46山(岛)的居民徙迁至内陆。

明朝实行的海禁政策规定，除政府与海外国家保持朝贡贸易关系外，其他民间海上贸易一概禁止——"禁濒海民不得私出海"，"禁濒海民私通海外诸国"，"申禁人民无得擅自出海与外国互市"。

到永乐、宣德,直至正德时期,海禁稍弛。此后,"海禁"政策时紧时松,总的趋势是以"禁"为主。尤其是嘉靖年间,明世宗大力强化抑商政策,厉行海禁,其严厉程度超过以前任何一个皇帝。规定:

"浙闽二省巡按官,查海船但双桅者即捕之,所载虽非番物,以番物论,俱发戍边卫。官吏军民知而故纵者,俱调发烟瘴。"

"禁沿海居民勿得私充牙行,居积番货,以为窝主。势豪违禁大船,悉报官拆毁,以杜后患。违者一体重治。"

"一切违禁大船,尽数毁之,自后沿海军民私与贼市,其邻舍不举者连坐。"

嘉靖年间的海禁,已经从禁止私人海上贸易,发展到禁止制造、使用双桅大船;从单纯惩治海商,发展到邻里连坐。

大规模地迁移沿海民众,严厉的海禁政策,虽然加强了海防军事,但也严重影响了沿海百姓的生计,甚至在沿海地区激化了矛盾。

长期以来,沿海地区人民依海而生,靠海而活,或从事渔业生产,或从事海上贸易。明朝严厉的海禁政策,等于断绝了他们的谋生之路。除了入海为盗外,别无其他选择。

顾炎武在其《天下郡国利病书》中指出:"海滨民众,生理无路,兼以饥馑荐臻,穷民往往入海从盗,啸集亡命";"海禁一严,无所得食,则转掠海滨"。张煊《西园见闻录》也提到,"国初……两广、漳州等郡不逞之徒,逃海为生者万计"。

这些人要么"私下与诸番贸易香货",要么"从倭为寇",导致东南沿海"倭患"越演越烈。

对于"倭寇"一词,人们容易望文生义。其实,所谓"倭寇",历史上往往是日本人与朝鲜人或中国人的联合体。中国明代的"后期倭寇"(即"嘉靖大倭寇")则大部分是中国的海上走私贸易群体,日本人的数量较少。日本学者山根幸夫在《明帝国与日本》一书中指出：后期倭寇的主体是中国的中小商人阶层——由于合法的海外贸易遭到禁止，不得不从事海上走私贸易的中国商人。这一观点基本获得了中日学者的普遍认同。

拿"倭寇王"王直为例，王直是徽州商人，长期从事对日走私贸易。在遭到明军围剿之后，逃往日本的松浦津，以五岛列岛为根据地，建起了一支庞大的船队，自称"净海王"、"徽王"。

王直经常组织船队前往浙江、福建沿海，进行大规模的走私贸易。在他的队伍中确有一些雇佣的"真倭"。正如王守稼在《嘉靖时期的倭患》一文中所说："大量史料证明，历史的真实情况似乎与以往流行的说法相反，嘉靖时的'真倭'，反而倒是受中国海盗指挥，处于从属、辅助的地位。"

王直曾向明朝当局提出"开港通市"的要求，希望放弃海禁政策，使海上私人贸易合法化。他在接受朝廷招抚后所写的《自明疏》，希望政府在浙江定海等港口，仿照广东事例"通关纳税"，恢复与日本的朝贡贸易关系，以此来解决东南沿海的"倭患"。当时的平倭总督胡宗宪表面上答应"姑容互市"，在王直投降后，却出尔反尔，将王直斩首示众。

但王直的死，根本没有平息"倭患"，恰恰相反，王直死后，原来商人色彩较浓的走私集团，被逼成了真正的"寇"。在后继者徐惟学、徐海等的带领下，更大的"倭患"接踵而来。

"倭患"的根源不是日本浪人，也不是走私集团，而是严厉的海禁政策。对此，其实很多明朝官员心里一清二楚。对倭寇素有研究的唐枢写信给胡宗宪时指出：嘉靖年间的倭患起源于海禁政策的不合时宜——"商道不通，商人失其生理，于是转而为盗"；中国与外国的贸易难以禁绝，海禁只能禁止中国百姓。

稍后的谢杰在《虔台倭纂》一书中也说："寇与商同是人，市通则寇转为商，市禁则商转为寇"。在他看来，导致"倭患"的原因是"海禁之过严"。可谓一针见血。

因此，海禁一日不解除，"倭患"始终存在。真正解决"倭患"的关键之举，并非戚继光、俞大猷的平倭战争，而是朝廷政策的改变。隆庆元年（1567年），明朝政府宣布实施灵活的政策，取消海禁，允许人民下海前往西洋、东洋贸易。所谓"倭患"也就自然消散了。

另一方面，随着明代中叶以后商品经济的发展，东南沿海已从粮仓逐步发展为中国的工商业中心，开始步入早期城市化的进程。工商业的发展，商品的大量生产，迫切需要开辟新的更大的市场。因此，海外贸易的兴起是社会经济发展的必然。

而伴随着大航海时代的开启，西方国家来到中国沿海，把中国卷入"全球化"贸易之中，海外贸易的需求日益增长。在这样内外交集的大背景下，严厉的海禁政策越来越显得不合时宜。

其实，到嘉靖初年，海上私人贸易已经蓬勃发展。从事海上贸易的商人数量众多，规模较大，并逐渐形成了实力强大的私人海上贸易集团。私人海上贸易的据点遍布海内外，有些海商还定居国外，建立贸易据点。国内出现了许多进行私人海上贸易的新港口，这其中最有名的就是浙江宁波的双屿港和福建漳州的月港。

因此，海禁政策并没有有效扼制住私人海上贸易，相反为海上走私贸易的兴旺提供了有利的时机，"片板不许下海，艨艟巨舰反蔽江而来；寸货不许入番，子女玉帛恒满载而去"。

为了冲破政府的海禁政策，私人海商不得不内外勾结，采取亦商亦盗的走私贸易形式。与海商勾结的多是沿海的豪门势家，违禁走私的海商大多以他们为"窝主"，依靠他们接济，并求得保护。

这些"窝主"为了攫取贸易巨利，无视海禁法令，公然参与走私贸易。他们凭借雄厚的社会地位和经济实力，交通官府，挟持官员，结交豪强，包庇窝藏走私海盗。到嘉靖时，从中央到地方形成了一股强大的支持海上私人贸易的政治力量。

宁波"争贡"事件后,明朝内部主张严厉实行海禁政策的官僚找到了一个口实:"祸起市舶"——祸根是由朝贡贸易引起的,于是贸然关闭宁波的市舶司,停止了与日本的朝贡贸易。在激烈的海禁与反海禁的政治较量中,朱纨走马上任,厉行海禁,扫荡海上走私贸易,发动了双屿之战。

双屿港就是在这样的背景下,因海禁而兴起,又因海禁而没落。

"16世纪的上海"

最早开辟双屿走私港的是福建海商,时间约为1518年。葡萄牙人加入后,经过二十几年的经营,双屿这个"久无人烟住集"的"国家驱遣弃地",海商云集,货物如潮,一跃成为远东最繁华的国际贸易中心,日本海交史专家藤田丰八甚至说:双屿港实为"16世纪之上海"。

双屿成为走私贸易基地,有其地理上的原因。双屿虽悬居海洋之中,但正如当时浙江巡抚朱纨奏报所言:双屿形势"东西两山对峙,南北俱有水道相通,亦有小山如门障蔽,中间空阔二十余里,藏风聚气,巢穴颇宽"。双屿港地处舟山群岛,岛屿环绕,是一个理想的避风港和候风港;又距中心城市不远,便于粮草接济和商品集散,正是从事走私贸易的好地方。

更主要的是,双屿港处于我国海岸线中段,南北交集处,在此贸易可以辐射南至福建、广东,北至南京以北的辽阔区域。明州是对日的朝贡贸易港,双屿港位于往来日本、高丽和南亚诸国的航线上,由于广东严厉禁绝海外贸易,致使海外贸易的重心北移到浙江、福建。双屿港背靠富足的江浙地区,接近苏杭丝绸、松江棉布、景德镇陶瓷的产地,商业经济繁荣,能够提供充足的受欧洲欢迎的东方商品。

16世纪初,正是欧洲人所谓的大航海时代。葡萄牙和西班牙两国探险家开辟的新航线,首次建立起一个全球贸易圈。1542年,从暹罗(今泰国)前往中国的三位葡萄牙商人在海上遇到风浪,被吹到日本种子岛,葡萄牙人由此渗入东亚所有的主要贸易路线。由此,以双屿港(宁波港)为中心,一个沟通东海、南海贸易圈,以马六甲、果阿(位于印度西岸)、葡萄牙、日本、宁波为主要节点的中、日、欧三角贸易圈初步形成。

欧洲的自鸣钟、火器,南洋群岛的胡椒、香料,从南海运送到浙江,交换江南生产的生丝、丝绸、棉布和瓷器,再横渡东海运往日本销售;日本则以白银支付,回到中国购买丝和布,然后卖到南洋群岛。双屿港海商控制的"葡萄牙(马六甲)—中国(宁波)—日本(平户)"三角贸易,自然而然地成为全球贸易圈的一部分。

双屿港,葡萄牙人称为"Liampó",即"宁波港"。作为一个港口群,双屿港位于北仑佛渡岛与舟山六横岛之间,明朝时属宁波府定海县(今镇海)郭巨千户所管辖。更具体的位置,根据有关文献的记录与专家的实地考察,一般认定,双屿港有南北两个港区,北港区在沙岙码头周边,人称大麦坑;南港区在沙岙码头南部海边,人称涨起港。由于人为的封堵与泥沙的淤积,当年的自然港湾,如今已变成了山岙。

受季风与洋流的影响,葡萄牙人在双屿港居留最初是为了"过冬"。三、四月南风汛时,葡萄牙商船由广东而上到达福建、浙江沿海;十一、十二月西北风汛时,则由浙江南下,经马六甲海峡进入印度洋,经欧亚航线回到里斯本。因此,每年的五、六月是双屿港交易的高峰期。

明朝严厉的海禁政策,使双屿港这个国际贸易中转站还具有收购、储存与销售的功能。一般情况下,葡人大船停泊在双屿

图① 双屿港

港湾，而以小船出去采购。由于葡人不能公开到大陆上收购和销售产品，就需要当地人的帮助。

宁波自古有出海经商的传统，加上宁绍一带地少人稠的矛盾突出，入海谋生向来是普通百姓的重要出路。尽管明朝实施严厉的海禁政策，但沿海居民为了生计，在利益的驱使下，仍冒险下海捕鱼或通商贸易。

利之所在，人必趋之。由于有高额的走私利润，收了好处的地方官及驻军睁只眼闭只眼，到双屿港通商的人越来越多。到1532年左右，海上私人贸易几近公开化。不仅沿海贫民转事海商，更有豪门大族充当"窝主"，大肆从事走私贸易牟利。

宁波人万表《海寇议》称："十数年来，富商大贾，牟利交通，蕃船满海间。"就连普通百姓也为海岛上的各国海商送米送菜，充当货物交易中间人。正如朱纨在奏疏中称："有力者自出货本，无力者转辗称贷；有谋者诓领官银，无谋者质当人口；有势者扬旗出入，无势者投托假借。双桅、三桅连樯往来，愚下之民，一叶之艇，送一瓜，运一樽，率得厚利。驯致三尺童子，亦知双屿之为衣食父母。远近同风，不复知华俗之变于夷矣。"不论有钱者、无钱者，有权者、无权者，纷纷投入火热的走私贸易，把双屿港当作自己的衣食父母。

双屿港的主角除了葡萄牙商人，主要是中国的海商。随着双屿港私人贸易的兴起与趋于鼎盛，中国出现了一些著名的走私海商，如福建人郑獠、金子老、李光头，安徽人许氏三兄弟（许松、许栋、许楠）、徐海、徐惟学，宁波人卢黄四等。后来赫赫有名的"海盗"、皖南人王直（即汪直），也在1540年下海，加入许氏集团，成为管家。

不久，双屿港的中国海商逐渐形成两大集团：一是以许氏兄弟为首，包括王直、徐海等人的徽州海商集团，二是以李光头为首的福建海商集团。

从正德末年福建人进入双屿港算起，双屿民间贸易港前后存在了近三十年，时间不算短。据记载，在双屿港居住的人，除葡萄牙人、华人外，至少还有日本、马来（彭亨）、琉球、暹罗（今泰国）等十多个国家的商人。明朝著名文学家王世贞称"舶客许栋、王直辈挟万众双屿诸港"，虽有夸张，但可见其鼎盛气象。

据葡萄牙人平托《游记》记载，葡萄牙人在双屿港建造有一个"双屿城"，馆舍上千座，市政厅、天主教堂、医院等一应俱全，并擅设市长、财务检察官、司法官、议员、财产监督人、警官、市政厅执事、监狱看守、房屋承租人等。岛上居民3000人，其中葡人1200人。俨然是葡萄牙人在宁波海岛上建立的一个殖民地。这一记载其实是平托道听途说，并结合了自己想象的产物。

实际上，双屿港区不同于后来的澳门，它主要是中国海商集团的根据地，是外国人来华贸易的中转地。在明朝眼皮底下的一个小岛，似乎很难存在"馆舍上千座"的大规模的外国人居住区。从后来双屿港之役留下的战果记录来看，岛上只有二十余座小房子，一座十多间房子的妈祖庙。日常来往的葡人大概在500到800人之间。

但据浙江沿海哨所报告，双屿港之役当年的五、六月还有1294只船来到双屿洋附近寻求交易。1294只船，每月平均647

条船,每天平均20多条船。如以每条船30人计算,每天有600人左右,每月有近2万人,双屿国际贸易港的规模确实不小。

双屿之战

双屿港走私贸易的结束,时间在1548年。

海上私人贸易的集团化,是双屿港贸易发展的转折点。海商集团的形成,有其内在因素。海上竞争激烈,弱肉强食,迫使海商走上小船主依大船主之路,规模小的50只船,规模大的多达100只船,"成群分党,分泊各港"。

这些海商集团出于自我保护,往往配备武器,具有很强的盗性。像海商头目邓獠、李光头、许栋,本身就是越狱犯。不同的海商集团往往强弱相凌,自相劫夺,沿海兼行劫掠,乃至于与官兵发生武装冲突。

葡萄牙海商由于受到明朝官方的严禁,进入中国沿海后也经常在海上劫掠民船,在陆上打家劫舍。日本私商更与倭寇有着千丝万缕的关系。走私贸易的组织化、武装化,使海上形势更为复杂,出现亦商亦盗现象。随着组织化、武装化程度的提升,海商与官军的冲突不断升级,浙海局势已完全失去控制。

图② 六横岛上发现的明代瓷片

图③ 双屿门

捣毁双屿港的直接导火线,是一起贸易纠纷导致的劫掠。由于走私贸易是在秘密无序状态下进行的,一般需要通过陆上私商以托售托买、虚值转鬻的方式进行,一旦中介环节脱节失信,极易引起矛盾冲突,甚至流血事件。

1547年,一个叫兰沙洛特·佩雷拉的葡萄牙人将几千达卡(欧洲货币)借给余姚望族谢氏。谢氏家族即明朝阁老谢迁的家族,属于宁波典型的参与走私贸易的豪门大族。谢氏进了外国货物后,不断压低价格,且拖欠货款,葡萄牙商人不断上门催讨。谢氏凭借自己的权势,非但不偿货款,反而恐吓他们,声称要将他们告到官府。

嘉靖二十六年(1547年)六月的一个深夜,愤怒的佩雷拉纠集了二十多个走私分子及葡萄牙商人等,趁夜突袭了谢氏宅邸,烧毁了谢氏房子,抢劫了邻近十几户人家,并杀死了大约十个人。余姚县令获报这一事件,一时无法查清事情原委,又怕贻误军机,遂以"倭贼入寇"为名仓促上报。

这次恶性事件直接促使明世宗抛开弛禁与严禁之争,成为其决意抗倭的导火索。1547年7月,明世宗打破闽浙不设巡抚的惯例,破天荒地授副都御史朱纨为浙江巡抚,兼管福建福、兴、漳、泉、建宁五府军事,前往闽浙整顿海防。

朱纨走马上任,禁乡官,革渡船;严保甲,申盐法,采取了一系列严厉的措施,厉行海禁,整顿海防。在福建取得初步成效后,朱纨将整顿重心转向被中外海商占据的宁波双屿港。

朱纨的主要策略就是直捣巢穴。嘉靖二十七年(1548年)一月,朱纨初步拟定了进剿双屿的作战计划。鉴于"浙兵素弱",守军大多为走私商人所收买,朱纨弃浙江兵不用,征调惯于征战的福清水兵一千余名、兵船三十只,又从民风强悍的浙西松阳、龙泉等地选取乡勇一千名,统归精于海战的福建都指挥卢镗指挥,担负海上主攻任务。

三月七日,朱纨进抵宁波,亲临第一线指挥调度。其时,恰遇日本策彦周良贡使团因先期而至不合规制,且人船逾额,被明政府勒令返回,贡使团退处舟山一带滞留。朱纨深恐"机事不密,处置失宜,双屿之巢难倾,而众夷之乱先作,于时师劳无功,官民荼毒",于是向明世宗力陈其中利害。在得到"便宜处分"的诏令后,朱纨要求贡使周良后不为例,决定予以放行。

九日,朱纨亲自接见贡使周良等三十二人,宣谕接收贡使团兵器送交绍兴库府保存,人及货送入宁波府嘉宾馆,并告谕贡使团不要随意外出,如有买卖交易,要求明给印信官票,填写合同,使奸人不得诓骗,财本不至坑陷。

十三日,终将日本使团六百余人延入城内嘉宾馆严加防范,从而消除了两线作战、腹背受敌的隐患,保证了双屿之战的顺利进行。

四月二日,前哨战在浙东象山沿海爆发。当卢镗船队驶至象山爵溪所时,瞭见前方有一只大贼船正朝双屿方向行驶,当即发两只快船追击。追至九山洋,双方接仗交战。激战之中夷人落水不计其数,其中两人为明军斩杀。该船终因势孤力单被明军擒获。生擒两名倭夷、五十三名华人,并缴获大佛郎机铜铳二架、小铳四个。明军方面阵亡四人,负伤二十五名。这就是九山洋之战。

五日,卢镗部下把总擒获一艘双屿海商收购酒米的船。卢镗部署兵船,前往双屿港挑引,对方放两只草撇、哨马船前来诱敌,被明军用鸟铳打死贼徒一人,贼船隐入港内,任凭怎么挑战就是不出。入夜,风雨昏黑,海雾弥漫。明军不敢贸然进击。

延至七日凌晨,双屿海商突然驾船冲出港湾,"官兵奋勇夹攻,大胜之,俘斩溺死者数百人",活捉大"窝主"海商顾良玉、倪良贵、奚通世、刘奇十四与通番分赃者蒋虎、余通世等人。

卢镗亲督兵船追击突围逃逸之船,同时委派定海卫千户王守元等带兵入港搜捕。结果,卢镗在海闸门糊泥头外洋及横大洋两处,"齐放铳炮,打破大贼船二只,沉水贼徒,死者不计其数"。随后,有"贼徒"草撇船一只、叭喇虎船两只前来迎敌。官兵奋勇当先,数个回合后,"贼船"上被箭射伤落水者无数。战斗一直延续到月落天昏,但仍有三艘"贼船"脱逃外洋。

此次追击战明军共缴获草撇船一只、叭喇虎船两只,及船上所载之佛郎机铜铳、铁铳和铅弹、火药、蕃弓、蕃箭等兵器,生擒为葡人所雇的3名黑番,以及许六、陈四、杨文辉、苏鹏、李陆等一大批"贼酋","贼首"姚大总等被斩杀。

与此同时,王守元率军入港,将海商所建天妃宫十余间、寮屋二十余间、遗弃的大小船二十七只尽行焚烧,止留下船坞内未完工的两只大船。

至此,历经两个月的准备和实施,双屿之战宣告结束。

经此一战,双屿港这一中外海商经营20多年的远东私人贸易中心终被摧毁。被驱散和续后而来的中外海商,只得四处漂泊,另寻系泊、交易之处。

双屿之战结束后五日,朱纨在定海(今镇海)举行祝捷大会,设盛宴表彰参与双屿战的有功人员。时任余姚知县的胡宗宪也参加了宴会。

为图一劳永逸，朱纨原本想在双屿"立营戍守"，并分定中军和南北两哨，各添官兵防守。后来不得已听从众议，用木石将双屿港筑塞。"先打木桩，将大松木做成木栏，内贮石篓，安置水底为基，上垒船石堵塞"，从而"使桩石相制，冲激不动，潮至则淤泥渐积，贼至则拔掘为难"。

至此，双屿港这个曾经盛极一时的国际走私贸易港不复存在。

朱纨之死

朱纨的悲剧似乎从他开始"剿倭"就已注定了。

海禁"弛"还是"禁"的争论，在当时明朝的政坛，是一场国策之争，更是一场利益之争，进而演变成为一场变幻莫测的政治斗争。

朱纨厉行海禁，打击海商，触动了沿海地方利益集团的利益，引起这些豪门大族的强烈不满和强劲反弹。斗争其实早在朱纨一到漳州督捕海寇时就已开始。抗命、抵制不时发生。

地方豪强与外夷暗中勾结，充当耳目，每当明军准备剿击，他们往往泄露军机，通风报信，他们还私下接济夷船，输送钱粮物料。一旦明军有军事行动，他们就百般阻挠，拖延军机。

当朱纨容许日本周良贡使团入港后，宁波府承行吏书蒋尚本故意藏匿有关批文，以致日本贡使团进港时又被官兵逐出外洋，差点误了进剿双屿的军机。

双屿之战打响前，军前急需两千斤硝石、一百斤硫黄，宁波府承行吏书陈应道却只肯拿出三百五十四斤硝石、三百六十四斤硫黄，而且故意差老吏张瑞等解送到另外一个地方，以致明军"战具不继，伤损兵卒，几乎失事"，差一点误了战役大局。

捣毁双屿港后，朝野内外暗流涌动，危机四伏，诽谤构陷接

图④ 朱纨

踵而来，蹊跷的事接连不断发生。

五月初五晚，重兵把守的日本贡使团驻地嘉宾馆，有人隔墙抛入一封捏名"大明黄道医"的书信，煽动日本人举兵作乱。书中说："嘉靖十八年来贡，镇日饮酒来往，何其亲密。去年六月间，闻知来贡，不想阻住海外半年。既得进，又禁之宾馆，何其艰苦。我国都御史、海道，何必苦苦提防！"书信进而公然煽动日人"可在夜间起兵，杀都御史、海道，随下船而走"。

日使周良捡到投书后，马上呈送宁波府署印推官张德熹，并通报：因宾馆外门禁加严，日人疑惑渐多，恐生出事端，希望中国官方作出决断。

身为闽人的张德熹与福建海商有着千丝万缕的关系。其叔张珠本身就是私商，与双屿港许栋集团结伙贸易，经常秘密出入宁波府衙，后在双屿清剿中被捕杀。张德熹自然衔恨在心。其后，凡被捕获的福建海商在监禁中病故，张德熹均代为措办棺木盛殓，上写名字，扛埋义塚。

张德熹接到日使投书后故意隐匿不报，其后两次晋见朱纨一概不予提及。最后，因有人擅入日本驻地骗取日使银两事发，朱纨派人严审，张德熹情知再难隐匿，才向朱纨报告投书一事。此时已离日使周良报案过去了八天时间。

朱纨随即利用自己巡抚的权限，将张德熹及守卫嘉宾馆不力的宁波指挥佥事莫隐、浙江市舶提举吕朋拿送监候。正面冲突全面开始。

恰在这时，朝中人事发生重大变动，主张海禁、支持朱纨出任浙江巡抚的内阁首辅夏言在正月被免职后，于四月被捕，当年十月被杀。接任上台的是奸相严嵩。

六月，福建人巡按御史周亮上疏，要求裁撤朱纨兼督闽浙两省军务的巡抚职权。给事中叶镗马上上疏附和。明世宗居然立即认可，裁革朱纨巡抚职权，仍改巡视，一切政务复归巡按御史。

与此同时，巡按衙门和浙江按察使对朱纨所勘失职官员作出从轻处分，莫隐、吕朋、张德熹三人各杖七十，并罚缴赎罪谷十石五斗，"赎罪完日，各还旧职"。

危机越来越逼近朱纨。朱纨的态度依然是针锋相对，仍连续上章争辩，言辞激烈，进一步得罪了当朝权贵。尤为要命的是，朱纨上奏明世宗公开点出通倭的官宦世家之名，要求严加处罚。斗争已到了你死我活的地步。

第二年（1549年）二月，朱纨指挥福建都指挥卢镗、巡视海道副使柯乔在福建漳州的走马溪，成功伏击转移至福建沿海的中外海商，大破葡萄牙走私商队，擒获倭寇头目李光头等96人，取得了剿夷战争的重大胜利。

三月，朱纨凭着明世宗曾赋予他的"地方未尽事宜听尔便宜处置"和兵部授予的"生擒盗贼，鞠问明白，亦听斩首示众"的权力，先斩后奏，在宁波演武场处决了在福建捕获的96名私商。

这下舆论大哗，地方及在朝的浙江、福建籍官员，纷纷上章弹劾朱纨，称他"注措乖方，专杀启衅"。福建籍御史陈九德率先发难,上章弹劾朱纨擅杀。严嵩义子、身为通政使的慈溪人赵文华因为诱迫朱纨未成,也内外交通,竭力煽动。

朱纨上疏抗争:"去外国盗易,去中国盗难;去中国濒海之盗犹易,去中国衣冠之盗犹难。"锋芒所向,直刺当朝要员。

五月,兵部会同三法司集议,认为朱纨不等御旨批复辄予行刑,卢镗、柯乔擅行正法,"皆不得为无过"。明世宗嘉靖皇帝下令,朱纨"罢职待勘",回苏州原籍听候处理。卢镗、柯乔"下所遣官讯之",等待进一步审问。

七月,前往福建勘问的官员认定,朱纨"擅自行诛,使无辜并为鱼肉",反上疏告捷,而卢镗、柯乔相与佐成之,"法当首论其冒功"。扣了一顶冒功的罪名。兵部和三法司复核,认同这一意见。

十二月,明世宗下达诏令,以"擅杀无罪拟杀",逮捕朱纨,进京接受审讯。卢镗、柯乔论死。

朱纨闻讯,悲愤交加,上书给明世宗说:"纵天子不欲我死,闽浙人必杀我。"并自作绝命词:"纠邪定乱,不负天子;功成身退,不负君子。吉凶祸福,命而已矣;命如之何?丹心青史。一家非之,一国非之;人孰无死?惟成吾是。"写得痛彻心扉,自始至终坚信自己丹心一片,表示为国捐躯,死而后憾。

死志已坚的朱纨为自己写好墓志,并嘱咐儿子:自己死后"不讣,不受吊,不祈碑铭"。十二月十六日,公元1550年1月3日,朱纨服药自尽,终年58岁。其子不敢久停灵柩,于农历正月草草下葬。

朱纨死后,他留下的"巡抚浙江,兼制福建、兴、漳、泉、建宁等处海道"的职务,一直空缺了四年,没人敢接。朱纨重建的防倭体系土崩瓦解,海禁复弛,倭寇越演越烈。

朱纨之死是个人的悲剧,更是明王朝的悲剧,时代的悲剧。

《明史》说他"清强峭直,勇于任事,欲为国家杜乱源",受命提督闽浙军事，为国靖海，不畏权贵，不避凶险，"执法既坚，势家皆惧"。做了十年中丞，"田不亩辟，家无斗储"，朱纨曾说："既尽节为官，岂能顾妻、子乎？"这是少有的一个刚直、廉洁、能干且极富道德使命感的官员。

可是，真正的悲剧在于：一个富有道德使命感的人，在他义无反顾为国杜乱之时，却无意之中起到了对时代进程的逆作用。朱纨没有认识到，所谓"海禁"，其实"从本质上说是明朝统治者对外部世界挑战作出的一种消极回应"，他无法跨越朝贡体制和海禁意识，因而无法看到葡萄牙东航中国，标志着一个全新时代的到来。

双屿港的消失，使宁波失去了东亚国际贸易中心的地位。历史吊诡的是，嘉靖二十七年的双屿之战导致了中国私人贸易更加无序、畸形发展，从而成为诱发"嘉靖大倭寇"高潮的重要动因。

纵观历史，全球化的第一次浪潮在大航海时代已经开始。海商是大航海时代生产力发展的必然产物，海禁则是封建统治者的权力意志。在西方走向扩张和繁荣之时，中国却越来越封闭，日趋停滞、没落。

历史不能假设，但假如明朝政府当年采取开放政策，假如朱纨未被任命发动双屿港之役，朱纨的命运会是如何？双屿港的命运会是如何？明王朝的命运又会是如何呢？

【十四】 日本的朱舜水

舜水，实际上是他在日本的号，他原本名叫朱之瑜。日本水户藩第二代藩主、德川家康嫡孙德川光国把他请到江户，亲执弟子礼，敬之甚恭，不敢直呼名字，只好请他另取一号以便称呼。朱之瑜就以故乡余姚的一条河，号为"舜水"。"舜水先生"之称由是开始。

朱之瑜在中国六十载，奔走呼号，匡复社稷，终至无处栖身，只好孤身亡命东瀛。梁启超将其列为清初五大儒师之一，与黄梨洲、顾亭林、王船山、颜习斋比肩，但实际上他在中国只有区区十五首诗收录在《姚江诗存》，几无影响。

朱舜水"屈于明室，而伸于本邦"，在日本二十二载，开德川一代儒学，被冠以"日本的孔夫子"，成为日本明治维新思想奠基人之一。

康有为作诗赞曰：孔子已无丁祭拜，学风扫地丧斯文；我游印度佛教绝，一线儒学或赖君。梁启超说：德川二百年，日本整个变成儒教的国民，最大的动力实在舜水。

朱舜水以一人之力，影响了一批人，继而影响了一个国家。他以其自奉极俭、高尚严峻的人格魅力，让日人敬仰不已，日本知识阶层受其感化最深。

在中日文化交流史上，朱舜水是最后一位东渡日本弘扬中华文化的大师。其后，只是中国人的流亡史，抑或是留学史。从唐朝鉴真开始绵延千年的文化东渐，至此戛然而止。

明人朱之瑜

朱之瑜1600年生于浙江余姚县，长于南直隶松江郡。初随同乡李契玄求学，后又随东阁大学士张肯堂、礼部尚书吴钟峦等研究古学，尤擅长《诗》《书》。吴钟峦非常赏识他，称他为开国以来"文武全才第一名"。

图① 日本绘制的朱舜水像

但朱之瑜治学不是为了仕途晋升。明末科举制度的腐朽,让他对科举制深恶痛绝。他说,"以八股为文章,非文章也,志在利禄,不过借此干进。彼尚知仁义礼智为何物?不过钩深棘远,图中试官已耳,非真学问也。"以为科举制仅是文字游戏,不是真学问。

四十岁时他下定决心不去做官。他说"士惟在有为耳,不在官职之大小崇卑也"。他经常对人讲:"世俗之人以加官进禄为悦,贤人君子以得行其言为悦。言行,道自行也。"真正的君子应该心忧天下,关心民生,"大人君子包天下以为量。在天下则忧天下,在一邦则忧一邦,惟恐民生之不遂。"而"至于一身之荣瘁,禄食之厚薄,则漠不关心,故惟以得行其道为悦"。

朱之瑜立下的是济世之志,以经世致用为治学根本,用所学的知识造福社会。但明末"国事日非,世道日坏",朱之瑜立志济世,却生不逢时,决意弃绝仕进,隐居田园。

时代正在发生天崩地裂般的变革。崇祯十七年(1644年),朱之瑜四十五岁,李自成攻陷北京,崇祯皇帝缢死煤山。不久,福王朱由崧在南京即位,改元弘光。江南总兵方国安推荐朱之瑜,奉诏征召，他坚辞不就；第二年正月，南明再次下令征召，他仍不就任。后来据他自己统计，从四十五岁到五十八岁，南朝征召任命共计达十二次，他均始终不受。

1645年5月，清兵攻陷南京。鲁王率南明势力败退舟山群岛。为匡复社稷，朱之瑜频繁往返于日本与舟山之间筹饷，一心想借兵援助南明、恢复中原。

1650年，五十一岁的朱之瑜再次横渡东海前往日本，不料被清兵发现。清军白刃合围，逼迫他髡发投降，朱之瑜却谈笑自若，誓死不降。同舟刘文高等人被他的义烈所感动，偷偷驾舟将他送回舟山。

次年，朱之瑜又赴东洋，但日本德川幕府出于种种考虑，拒绝了他的借兵请求。朱之瑜只好转赴安南（今越南）进行游说，但同样没有成功。当他正要从安南返回舟山时，舟山和四明山寨被清兵攻陷。他最好的师友吴钟峦、王翊等壮烈死难。朱之瑜被迫羁旅海外，东西漂泊。

一直到1657年正月，好不容易等来了日本船，准备乘舟渡海归国，投奔郑成功继续抗清。不料在二月遭安南供役之难，被羁五十余日，与死为邻。为铭记这段安南之难，他每天记日记，并名之为"安南供役纪事"。

安南之难的经过是这样的：朱之瑜滞留安南时，恰逢安南国王需要一个识字的人供书记之役，有人推荐了他。府吏便把他捉到官府，面试作诗写字。

朱之瑜不肯作诗，只写道："朱之瑜，浙江余姚人，南直松江籍。因中国折柱缺维，天倾日丧，不甘薙发从房，逃避贵邦，至今一十二年。弃捐坟墓妻子，房氛未灭，国族难归。溃毳尤焚，作诗无取。所供是实。"府吏只好把他拘囚起来，严密监视。

数日后，安南国王召见朱之瑜，朱之瑜不肯下拜，使国王十分不悦。第二天又召见他，满朝文武大臣尽集，另有数千人持刀环

图② 朱舜水纪念堂
图③ 余姚龙山舜水
图④ 建在余姚龙山上的舜水亭

立，杀气腾腾。朱之瑜面无惧色，徐步而入。差官命他跪拜，朱之瑜不拜；差官又写一"拜"字命他拜，朱之瑜大笔一挥，在"拜"字上添了一个"不"字，还是不肯拜。差官又牵着他的袖子，按着他想强迫他跪拜，被他奋力挣脱，依然没拜。

国王大怒，扬言要处死他。同行的人都劝他跪拜以自救。朱之瑜说："前天从会安来的时候，已经同亲友作过死别。今日我为大明礼节而死，死而无憾。我死后，如可收尸，乞题曰'明徵君朱某之墓'。"

安南国王天天派人在他寓所附近杀人，先枭首，再将骨肉剁碎，抛散满地，招致鸟鸢犬豕竞来就食，以此恐吓他，但朱之瑜不为所惧，始终不拜。

安南国王又生一计，诱他在安南做大官。朱之瑜一口回绝，他致书国王说："瑜徒以天祸明室，遁逃贵邦，苟全性命，别无他图。如曰中华丧乱，遂欲委质于贵国，皇天后土，实鉴此心。大王不以无礼诛之，而复以此伤义士之志，是犹于杀之矣。"再次表明自己忠贞不渝的心志。

安南国王不禁赞叹道："好汉子！"但仍不甘心，还是再三派人劝说朱之瑜，并表示要为他营造府第，把他的家眷接到安南。朱之瑜答道："去家十三年，绝无婢妾，何有家眷？瑜役毕告归，必不留此，甲第何为？"表达了必返故国的决心。

安南国王叹曰："大人！高人！不独我交趾所无，如此人者，恐中国亦少！"最后，安南国王派人写一"确"字，探问他的意思。朱之瑜作《坚确赋》回复，誓不动摇。

生当民族危难之秋，却保持了海外赤子之心。诚如朱之瑜自己所言："仆事事不如人，独于'富贵不能淫，贫贱不能移，威武不能屈'，似可无愧于古圣先贤万分之一。一身亲历之事，固与士子纸上空谈者异也。"他以实际的行动证明了自己的节操。

虽然屡受挫折、处境艰难，但朱之瑜继续奔走海上，备尝艰辛,窃图恢复。

1659年5月,郑成功和张煌言会师北伐。六十岁的朱之瑜应郑成功的邀请参加了战役。克瓜洲,下镇江,朱之瑜皆亲力行阵。但第二年,北伐行动以失败告终。

此时,朱之瑜已是六十一岁的老翁,"饮泣十七载,鸡骨支离;十年呕血,形容毁瘠,面目枯黄"。复明的希望越来越渺茫,而他又誓死不剃发,中土岂有他立锥之地?他于是学鲁仲连义不帝秦,再次仓皇渡日,"蹈海全节",告别故国一去不返。

1660年冬,朱之瑜搭乘商船,抵达长崎。当时,日本德川幕府实行锁国政策,已"三四十年不留一唐人"。当初第一次赴长崎借兵,朱之瑜就曾被拒之门外。此次东渡日本,朱之瑜依然被拒入境。他是再也无路可走了,只能困守舟中。

就在这个时候,一个叫安东守约(号省庵)的日本学者,听说了朱之瑜的情况,经华侨介绍,写了一封信向他问学,执礼恭敬。朱之瑜悲喜交集,在回信中感慨:"岂孔颜之独在中华,而尧舜之不绝于异域?"已有意将中华圣贤之学传与这位异国弟子。

安东守约四处奔走请托。终于获得日本政府批准,破四十年来日本幕府之国禁,朱之瑜得以登岸,在长崎定居下来。从此结束了十多年的海上漂泊生活。

朱之瑜定居日本后,每日南向泣血,复明之心未尝稍歇。只是冷静的思索代替了澎湃的热血。在赴日第二年,即明亡第十七年,朱之瑜写下了著名的《中原阳九述略》。

在文中,朱之瑜分析了明亡的原因,一是政治腐败,二是学术虚伪。文人士子穷年皓首于猎取功名,不知读书的目的是经邦纬国。

朱之瑜在文中回顾了天启、崇祯年间,边臣失职,以致清虏猖狂的往事;痛斥满清入主中原后的十大罪状,最后提出"灭虏之策"。他认为,"灭虏之策,不在他奇,但在事事与之相反",比如"彼以残,我以仁;彼以贪,我以义"。篇末署名"明孤臣朱之瑜泣血稽颡拜述",耿耿忠义,力透纸背。

国师朱舜水

朱舜水刚到长崎,安东守约连续九次上门拜师。安东守约于是成了朱舜水的第一位日本弟子。

朱舜水当时租屋居住,生活窘困。安东守约将自己微薄的俸禄奉上一半。安东的年俸不过两百石,实际领米八十石,他拿出四十石来供养先生。1663年,朱舜水的居所被一场大火焚毁,只能寄居于寺院。安东闻讯后撇下病危的妹妹赶往长崎,为老师另建新居。朱舜水感激不已,将安东引为"知己"。

朱舜水在日本的转折点出现在1665年。

当时,日本国副将军、水户侯德川光国欲办校兴学,在儒臣小宅生顺的推荐下,德川光国礼聘朱舜水为宾师,邀他到江户(今东京)讲学。朱舜水竭力谦让,安东守约对他说:"上公好贤嗜学,宜勿辜其意。"朱舜水于是答应了。

翌年六月,朱舜水抵达江户。德川光国亲执弟子礼,准备为他建造华屋。朱舜水谢绝了,他说:"吾借上公眷顾,孤踪海外,得养志守节,而保明室衣冠,感莫大焉!吾祖宗坟墓,久为发掘,每念及此,五内惨烈。若丰屋而安居,岂我志乎?"

但为德川光国的真诚所感,朱舜水后来还是住了进去,并在那里奄然而逝。这所宅居的遗址在今东京大学农学部内,里面至今还立有"朱舜水先生终焉之地"的石碑。

朱舜水的学生安积觉曾说:"非西山公之好贤,则不能发先生之蕴,相遇于千里之外,竟成天下之奇。"对德川光国与朱舜水的相知之情颇为感慨。

朱舜水从此开始了在日本的正式传学生涯。

图⑤ 德川光国

当时，佛教传入日本已有600年之久，日本社会上层空谈崇佛，形成陋习。朱舜水初到日本，即陷于"嘘佛之气，足以飘我；濡佛之沫，足以溺我"的氛围之中。出于对明亡的切肤之痛，朱舜水对此空疏之风深感忧虑，曾对弟子安东守约说道："贵国惑于邪教，举世不能自拔。"

朱舜水力图以儒学博大精深的思想，改革江户时代日本的社会风俗。朱舜水向德川光国宣扬宋明大儒穷理明性的理学之说、"经世致用"之学。并为其辨明儒佛的本质区别："佛老尚空虚，圣人尚实理"；佛老教人"舍父母，绝妻子"，不知天地之化、人伦之情，陷于虚无，背于纲常，而"圣人之道，以彝伦为本，以思议为法"。

由于日本佛教与社会政治紧密相连，势力极大，在日本反佛极为艰难。朱舜水力陈排佛兴儒对日本国的好处。他说，大兴儒学可以开启民智，振兴国家，"而贵国文明开辟之机，均于此基焉"。

朱舜水解释日本亘古以来未出现真儒的原因，主要有三：一是日人岸然自高，枵然自是；二是日人不安其分，好高骛空；三是日人愚蔽他端,老死不悔。

朱舜水着重阐述儒学的基本内容,应以"仁、义、礼、乐为宗",其核心思想是"诚","诚而明,明而诚,圣人也。"

朱舜水十分强调"诚"字,他认为,"诚"是做人之本,是济世之本。用《大学》的话就是：济世以修身为本,修身以诚意为要。朱舜水以"诚"为道德品德,熏陶培养出了许多学问、德行纯粹的日本学者。

在朱舜水的影响下,日本学界逐渐认识到儒学与佛教的本质区别,开始转向儒学的学习,学以致用的儒学开始在日本取代佛教,成为显学。

德川光国对朱舜水的学问深为叹服,他接受劝告,先将水户藩内3000余所不守清规的佛寺拆毁,从而掀起了一场社会风俗革新运动。

朱舜水在明亡的历史教训中,深知迂腐的学问其害匪浅。他常常怀着对明亡的阵阵隐痛,向安东守约及其他求学问道的日本弟子,历数"说玄道妙,言高言远"的学风导致明亡的惨痛教训,竭力宣扬治学为国计民生的道理。

朱舜水论学问,以实用为标准,认为经世济民才是真学问。所谓实用者,一是有益于自己身心,二是有益于社会。他强调"明实理",即学习实实在在的具体事物之理,反对玄虚的学风。他说,孔子其所以授受者"止于日用之能事,下学之工夫"。"吾道明明现前,人人皆具、家家皆有；政如大路,不论上下、男妇、智愚、贤不肖,皆可行得,举足即有其功。"他明确无误地说："躬行之外,更无学问。"

那么,"明明现前"的学问来自哪里？朱舜水说："学问者,亦何必废时荒业,负笈千里而后学哉？家有母,学为孝；家有弟,学为友；家有妇,学为和；出而有君上,学为忠慎；有朋友,学为信；无往而非学矣。""实理"的内容不是空洞说教,而是对伦理道德的践履。

从这种求实的学风出发，朱舜水力矫日本学界的空虚之弊，使重行尚实学风成为一时风尚。

朱舜水倡导的儒学是一种"实理实学"，讲究实际、倡导实践、注重实行、追求实功。他认为求学方法有两种，一是向实践学，二是向历史学。他教导日本弟子要多读史书，通过历史事实总结出国家兴亡得失的规律。朱舜水痛恨经义的概念游戏，力图以史书来代替空洞的经书。因为"经简而史明，经深而史实，经远而史近……得之史而求之经，亦下学而上达耳"。朱舜水的这一思想影响了德川光国及其"水户学派"。

朱舜水知行合一，不仅注重民风世教，而且娴习艺事、长于工技。七十一岁时，应德川光国兴建学校之请，他作《学宫图说》及其模型。其型有文庙、启圣宫、明伦堂、尊经阁、学舍、进贤楼、射圃、门楼等精巧的建筑群。殿堂结构之法，梓人所不能通晓者，他皆亲授。现在东京的汤岛"圣堂"即依此而作。

德川光国欲造祭祀器具，朱舜水作古升、古尺，又作簠、笾、豆、登、刑等古祭器，依图考古、指画精到，授以工师。甚至，朱舜水还为德川光国制作明室衣冠、朝服、角带、道服、纱帽、幞头等。

朱舜水七十三岁时，水户学宫建成。德川光国请朱舜水制定释奠礼。朱舜水写了《改定释奠仪注》一文，详明礼节、改定仪注，并率日本儒生演习释奠之礼，颇有洙泗遗风。于是水户学者皆精究仪礼，使日本自镰仓幕府以来遭受破坏的释奠礼得以重现。后第五代将军德川纲吉首次代表幕府祭孔，全国争相效仿，释奠活动方兴未艾。

从 1666 年至 1682 年的十六年间，朱舜水往返于水户与江户之间，讲授儒学，倡导实学，声誉很快传遍日本各州。日本学者纷纷诣门受教，"水户学者大兴，虽老者白须白发，亦扶杖听讲，且赞儒道大美。颇有朝闻夕死而可之意"。

朱舜水门下弟子精英云集，除水户侯德川光国，一代儒宗伊藤维桢、日本古学鼻祖山鹿素行和大儒安积觉等，都受过朱氏亲炙。可以说，日本的朱子学、古学和水户学三大学派，都与朱舜水的思想有着密切关系。在日本思想史上，这三大学派相互影响，形成了一种注重实证、讲究经世致用、倡导改革致强的思想潮流，对日本社会的发展起到了很大的推动作用。

值得一提的是，朱舜水还帮助德川光国编纂了《大日本史》。在书中，朱舜水刻意突出了"尊周王、退诸侯、外夷狄"的"春秋"思想。这种思想后来演绎为尊王攘夷、倒幕维新的社会思潮，成为日本明治维新和近代化的原动力之一。

安东守约之外，安积觉、今井弘济、五十川刚伯、服部其衷、下川三省五人先后成为朱舜水的近身弟子，担负起起居照料、日常侍奉及对外应酬、联系之责。

朱舜水对弟子也是"抚之如慈母，督之如严父"，尽心尽力，爱抚备至。安积觉十三岁师从朱舜水。后因父亲病故而中辍学业。朱舜水很喜欢这个体弱多病的学生，亲自为他题写一本作业簿，督促他"逐日书其功课"。安积觉后来和德川光国一起成为日本水户学派的领袖人物。

回忆起自己之所以能学有成就，安积觉归因于当年先生"课程严峻，晨读夕诵，故至今不忘耳"。安积觉到了晚年还告诫其孙辈：舜水先生的"片言只字，皆藏而宝护之，凡吾子孙，当敬之如神明，其有沦落丧失者非吾子孙"。

朱舜水侨居日本讲学二十多年，在日本社会中产生了巨大的影响。当时的日本学者木下贞干写道："夫以先生学纯德粹，传中华之道脉，激东海之儒流，闻风兴起者，比比皆是。"朱舜水在日本政界和学界受到广泛的敬重，被尊称为"朱夫子"。

朱舜水在民间百姓中也颇孚名望。有一则故事讲，朱舜水雇请了一位老太太为自己缝洗衣衫，可几次付给老太太工钱，老太

图⑥ 朱舜水先生纪念碑（正面）
图⑦ 朱舜水先生纪念碑（背面）
图⑧ 朱舜水故里碑

太总不肯收。朱舜水再三询问，老太太终于提出诉愿：希望得到两幅朱舜水的书法。朱舜水当场为老太太一挥而就。

朱舜水在日本虽受人崇拜，但他也敢批评日本人。他曾指出，日本人心胸狭隘，日后必为中华之祸，"不佞视贵国人……尝怪周虢，量窄意褊……所以此念灰冷"，可谓有独到精辟的眼光。

1682年4月，朱舜水在日本去世，去世时身着一身明朝服装。在此之前三个月，比他小十三岁的另一反清复明思想家顾炎武辞世。

朱舜水被安葬于日本水户（今茨城县）瑞龙山的德川诸侯家族墓地。作为唯一的族外人，朱舜水的墓地被安排在山地最中心的位置。墓为明朝样式，墓碑"明徵君子朱子墓"为德川光国亲自题写。德川光国还率朝士亲临朱舜水的葬礼。

朱舜水死后，日本学者将其谥为"文恭先生"。德川光国派人辑成《朱舜水先生文集》二十八卷，自署门人。

朱舜水死前遗言："予不得再履汉土，一睹恢复事业。予死矣，奔赴海外数十年，未求得一师与满虏战，亦无颜报明社稷。自今以往，区区对皇汉之心，绝于瞑目。见予葬者，呼曰'故明人朱之瑜墓'，则幸甚。"

朱舜水去日的初衷是暂时避难，流亡日本之初并没有终老的打算,只想"暂借一枝,栖息贵邦,衣粗茹藿,操婢仆之役,所冀天下稍宁,遄归敝邑"。朱舜水一心期望中原恢复的一天,为此,他滞日期间生活节俭,死时积蓄下三千余金,这是他企图恢复社稷的经费。

梁启超为舜水先生做的年谱,文末有一个意味深长的点睛之笔:

"先生卒后之二百二十九年,辛亥,清宣统三年,清室逊位。"

舜水先生生前喜爱樱花,曾说"使中国有之,当冠百花"。后来中国真的有了樱花,但历史并非如他所愿的那样世世和好,所以樱花再好也不能冠于百花。先生曾自誓"非中国恢复,不归也",而今大清早已归为历史,等待了几百年,他的遗愿终于实现了。

正当樱花飘飞季节,先生忠魂归是不归?

参考文献

01　（清）徐兆昺著,桂心仪等校注,《四明谈助》,宁波出版社,2003年。
02　梁明院校注,《唐大和上东征传校注》,广陵书社,2010年。
03　金普森、陈剩勇主编,《浙江通史》,浙江人民出版社,2005年。
04　傅璇琮主编,《宁波通史》,宁波出版社,2009年。
05　沈济时著,《丝绸之路》,中华书局,2010年。
06　韩昇著,《遣唐使和学问僧》,中华书局,2010年。
07　（日）古濑奈津子著,《遣唐使眼里的中国》,武汉大学出版社,2007年。
08　林士民、沈建国著,《万里丝路——宁波与海上丝绸之路》,宁波出版社,2002年。
09　郑绍昌主编,《宁波港史》,人民交通出版社,1989年。
10　乐承耀著,《宁波经济史》,宁波出版社,2010年。
11　林士民著,《宁波造船史》,浙江大学出版社,2012年。
12　林士民著,《再现昔日的文明——东方大港宁波考古研究》,上海三联书店,2005年。
13　张如安著,《北宋宁波文化史》,海洋出版社,2009年。
14　许勤彪主编,《宁波历史文化二十六讲》,宁波出版社,2005年。
15　袁宣萍、徐铮著,《浙江丝绸文化史》,杭州出版社,2008年。
16　（日）木宫泰彦著,胡锡年译,《日中文化交流史》,商务印书馆,

1980年。

17	滕军等编著,《中日文化交流史考察与研究》,北京大学出版社,2011年。
18	李媛主编,《另类中国文化漂洋过海去日本》,金城出版社,2010年。
19	陈小法著,《明代中日文化交流史研究》,商务印书馆,2011年。
20	杨曾文著,《日本佛教史》,浙江人民出版社,2000年。
21	宋云彬著,《中国文化对日韩越的影响》,广西师范大学出版社,2007年。
22	(日)松浦章著,《中国的海贼》,商务印书馆,2011年。
23	王慕民著,《海禁抑商与嘉靖"倭乱"》,海洋出版社,2011年。
24	黄纯艳著,《宋代海外贸易》,社会科学文献出版社,2003年。
25	李庆新著,《明代海外贸易制度》,社会科学文献出版社,2007年。
26	孙玉琴编著,《中国对外贸易史》,清华大学出版社,2005年。
27	陈依元、钟昌标著,《区域开放与社会经济发展——对宁波开放史的一个考察维度》,经济科学出版社,2008年。
28	江静著,《赴日宋僧无学祖元研究》,商务印书馆,2011年。

图书在版编目（CIP）数据

丝路听潮：海上丝绸之路文化/谢安良著.—宁波：
宁波出版社, 2014.11（2023.7 重印）
（宁波文化丛书. 第1辑）
ISBN 978-7-5526-1814-3

Ⅰ.①丝… Ⅱ.①谢… Ⅲ.①海上运输—丝绸之路—历史—宁波市 Ⅳ.① K295.53

中国版本图书馆 CIP 数据核字（2014）第 228395 号

丛 书 名	宁波文化丛书·第一辑
丛书主编	何　伟
本册书名	丝路听潮：海上丝绸之路文化
著　　者	谢安良
责任编辑	苗梁婕　沈建国
装帧设计	金字斋
出版发行	宁波出版社
地　　址	宁波市甬江大道1号宁波书城8号楼6楼
邮　　编	315040
网　　址	http://www.nbcbs.com
电　　话	0574-87341015（编辑部）
印　　刷	宁波白云印刷有限公司
开　　本	710毫米 ×1000毫米　1/16
印　　张	15.75
字　　数	188千
版　　次	2014年11月第1版
印　　次	2023年7月第2次印刷
标准书号	ISBN 978-7-5526-1814-3
定　　价	40.00元

（版权所有　翻印必究）

图书若有倒装缺页影响阅读，请与出版社联系调换。电话：0574-87248279
说明：本书中部分图片因资料所限，未能与相关权利人取得联系，敬请相关权利人与编辑部联系，以便支付稿酬，并在重印时署名。